핸드스티치로 만드는

처음 시작하는 가죽공예

HAJIMETE NO REZA KURAFUTO

Copyright ©2009 STUDIO TAC CREATIVE Co., Ltd.
All rights reserved.
Originally published in Japan by STUDIO TAC CREATIVE Co., Ltd., Tokyo
Korean translation rights arranged with STUDIO TAC CREATIVE Co., Ltd., Japan
through Yu Ri Jang Literary Agency, Korea.

이 책의 한국어판 저작권은 유리장 에이전시를 통한 저작권자와의 독점 계약으로
에듀멘토르에 있습니다. 저작권법에 의해 한국 내에서 보호를 받는 저작물이므로
무단 전재와 무단 복제를 금합니다.

핸드스티치로 만드는

처음 시작하는 가죽공예

STUDIO TAC CREATIVE

김재혁(탄조공방) 감수 | 김남미 옮김

에듀멘토르

감수의 글

디지털 기술이 우리 모두의 생활을 바꿔놓고 있지만 사람들은 오히려 날이 갈수록 아날로그가 주는 감성에서 많은 위안을 얻으며 균형을 찾는 것 같습니다. 최근 몇 년 사이에 가죽으로 무언가를 만들고자 하는 분들이 약속이나 한 듯 놀라운 속도로 늘고 있습니다. 하지만 배우고자 하는 열의에 비해 교육을 담당해야 할 기반 시설은 미미하고 취약하기 짝이 없습니다. 여러 가지 원인이 있겠습니다만 가죽제품을 만드는 것은 공장에서 직공들이 도맡아 하던 거친 일감이라는 인식에서 비롯된 것일 수 있겠지요.

지금의 중국처럼 과거 우리나라는 전 세계를 시장으로 하는 철저한 생산기지 역할을 해왔고 그 시절부터 자리잡은 지갑이나 가방 만들기 기술은 그대로 공장라인을 통해서만 존재했었습니다.

물론 우리나라에도 전통적인 형태의 '가죽공예'가 있어왔지만 가죽에 염색이나 카빙 기법 등으로 그림을 표현하는 데 치중한 미술 중심이었기 때문에 유럽이나 서구의-소위 명품 브랜드의 제작 근간이 되는-제품 제작 기술과는 거리가 있었습니다.

그러다 불과 수년 전부터 유럽과 일본의 가죽공방 제작 기법이 온라인 커뮤니티를 중심으로 전파되기 시작했고 지금은 1세대라 부를 수 있을 만큼 많은 수의 공방이 생겨 제작과 수업이 이루어지고 있습니다.

그러나 앞서 밝힌 대로 가죽공예 교육 환경은 아직 초기 단계에 머물러 있어 오랜 경력이 있거나 좋은 솜씨를 지닌 스승을 만나기도 쉽지 않고 더구나 공방들이 주로 대도시에 집중되어 있기 때문에 더더욱 배우기가 쉽지 않습니다.

저 또한 마찬가지였습니다. 그러던 중 이 책을 비롯한 같은 출판사에서 나온 가죽 관련 원서 시리즈를 처음 보았을 때 받은 인상은 충격 그 자체였습니다. 어렵게 해결했던 문제의 모범답안이 손 안에 들어온 느낌이어서 한편으로는 허무하기도 했습니다.

마땅히 수업을 받기가 어려울 때 어깨너머로라도 배우는 것이 때론 결정적 도움이 됩니다. 스스로 만들다보면 응용력이 늘어나는 효과를 거둘 수 있지요.

이 책은 가죽을 처음 접하는 사람을 위해 배우기 쉽게 쓰인 책으로 일본의 가방 장인들이 매 단계 작업하는 모습을 일일이 사진에 담아 모든 제작 과정을 낱낱이 보여주며 친절한 설명까지 달아놓은 무척 노골적인(?) 실용서입니다.

지금은 수업을 진행하지 않고 있습니다만 수업 문의를 받으면 답변 끝에 자주 했던 말이 있습니다.
"독학으로 한 번 도전해보시죠?"

배우고 익히는 데 왕도가 없듯 독학을 하시든 공방 수업을 통해 배우시든 좋은 자료와 정보는 많을수록 좋겠지요. 본서를 통해 가죽으로 처음 물건을 만들었을 때의 희열을 느껴보시기 바랍니다. 가족이나 주변 분들께 드려야 할 선물에 대한 고민 해결은 부록입니다.

2011. 8.

김재혁

Contents

감수의 글	4
작품 소개	8
가죽공예 기본 과정	14

PART I • 가죽과 기본 제작 기법을 익히자

가죽 기초 지식	18
가죽공예 도구와 기본 기법	20
1 가죽공예 기본 도구	20
2 국내에서 많이 사용하는 도구	21
3 가죽 뒷면 다듬기	22
4 형지 본뜨기	23
5 가죽 재단하기	24
6 바느질 보조선 긋기	25
7 바느질 구멍 뚫기	27
8 바늘과 실 준비하기	31
9 바느질하기(새들스티치)	33
10 실 매듭짓기	38
11 측면 다듬기	41

기본 기법으로 가죽공예품을 만들어보자

1 키홀더	44
2 책커버	48
3 동전지갑	56
4 카드지갑	62
5 장지갑	68
6 토트백	78

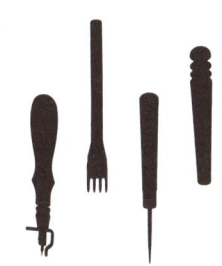

PART II • 엮기·휘감기·금속장식 달기·염색의 다양한 기법을 익히자

📍 다양한 가죽공예 기법   94
  1 가죽끈 엮기   94
  2 레이스 휘감기   99
  3 금속장식 달기   110
  4 가죽 염색하기   115

다양한 기술을 응용해 실용적인 공예품을 만들어보자
  7 벨트   118
  8 가죽 트레이   130
  9 지갑체인   136
  10 열쇠지갑   148
  11 파우치   158

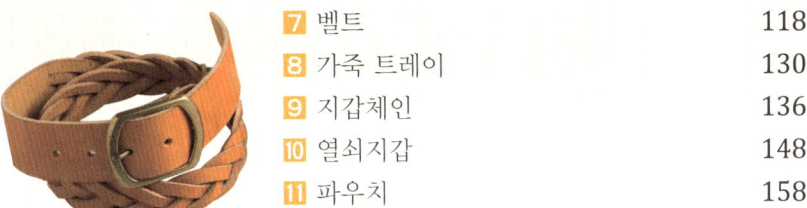

*국내 가죽 커뮤니티, 가죽공방, 재료 구입처   164

👑 부록
  평상시 가죽제품 손질하기   166
  일본 전문 가죽 공예용품점   168
  가죽공예품 카탈로그   170
  가죽공예 전문용어집   176

작품 소개

앞으로 만들 가죽공예품을 소개한다. 바느질 기법으로 만든 작품과 엮기 · 휘감기 · 금속장식 · 염색 기법으로 만든 작품 등으로 총 11가지이다. 누구나 만들기 쉬운 소품부터 시간과 정성이 필요한 작품까지 다양하다.
순서대로 차근차근 만들어보아도 되고, 마음에 드는 작품부터 만들어도 된다.

44 키홀더

키홀더는 가죽 자르기, 본드로 접착하기, 바느질하기 등, 가죽공예의 기본 기술을 익히는 데 가장 적합한 소품이다.

책커버

책커버는 가죽공예 중에서도 인기 있는 소품이다. 가장자리의 긴 직선을 깔끔하게 꿰매기 위해서는 약간의 요령이 필요하다. 간단하게 휴대할 수 있는 문고본 크기의 책커버를 만드는 방법을 소개한다.

48

동전지갑

손에 쥐기 적당한 크기와 부드러운 곡선이 특징인 동전지갑이다. 곡선 작업에 초점을 맞추어 소개한다. 심플하면서도 누구에게나 어울리는 디자인이어서 선물용으로도 좋다.

카드지갑

색이 다른 가죽을 붙여 만든 카드지갑이다. 여러 장 겹쳐진 가죽을 꿰매는 방법, 바느질을 시작할 때와 마무리할 때 실 매는 법, 더불어 측면 처리 방법을 익힌다.

68

장지갑

카드를 12장까지 넣을 수 있는 장지갑이다. 도면대로 자른 가죽 조각을 겹쳐서 그대로 이으면 튼튼한 지갑이 된다. 어려워 보일 수도 있지만 순서대로 하나하나 꿰매면 누구나 만들 수 있다.

토트백

가죽으로 일상적인 소품을 만들고자 할 때 가방을 떠올리는 사람이 많을 것이다. 바느질 기법을 익혔다면 이번에는 크기가 큰 가방 만들기에 도전해보자. 바느질할 곳이 많을 뿐, 만드는 방법과 포인트는 지금까지 소개한 작품과 거의 같다. 안쪽에 주머니도 달려 있는 실용적인 가방이다.

벨트

세 종류의 벨트를 만들면서 가죽 엮기, 금속장식 달기, 레이스 휘감기(라운드스 티치) 기법을 소개한다. 버클이나 가죽의 색만 바꾸어도 자신만의 개성 있는 벨트를 만들 수 있다.

가죽 트레이

바늘땀을 장식으로 활용한 가죽 트레이이다. 책상 위의 작은 물건이나 액세서리를 담아두기에 안성맞춤이다. 금속장식을 달 때 신경을 써서 접을 수 있는 디자인으로 만들었다.

지갑체인

패션 포인트로 활용하기 좋은 지갑체인이다. 다양한 색상의 가죽끈을 이용하여 엮는 방법만 바꾸면 얼마든지 색다른 작품을 만들 수 있다. 여기서는 두 종류의 엮기 기법과 변형 기법 한 가지를 이용하여 세 가지의 지갑체인을 만들어본다.

열쇠지갑

가죽작품은 실과 바늘로 가죽을 꿰매는 것 외에도, 이 열쇠지갑과 같이 가죽끈(레이스)으로 가죽과 가죽을 휘감아서 이을 수도 있다. 장식으로도 훌륭한 트리플 스티치 휘감기를 살펴본다.

파우치

이 선명한 빨강색은 직접 가죽을 염색해낸 것이다. 지퍼 다는 법을 익히면서 적당한 크기의 파우치를 만들어보자. 가죽 염색을 통해 작품의 폭을 넓힐 수 있다.

가죽공예 기본 과정

가죽공예의 기본 과정이다. 본격적으로 작품을 만들기 전에 대강의 순서를 살펴보자. 각 작업의 자세한 과정과 포인트는 작품을 만들면서 익힌다.

3. 소재 결정 (18~19쪽 참고)
2. 형지 제작
1. 무엇을 만들까 결정
4. 재료, 도구 준비 (20~21쪽 참고)
5. 가죽 재단 (24쪽 참고)
6. 피할 등 일차가공 (58쪽 참고)
7. 가죽 결합 (27쪽, 29쪽 참고)
8. 바느질 선 긋기 바느질 구멍 뚫기 (25~30쪽 참고)

9 바느질하기 (31~40쪽 참고)

10 측면 마감 (41~42쪽 참고)

11 접기 등 마무리

12 완성

추가공정

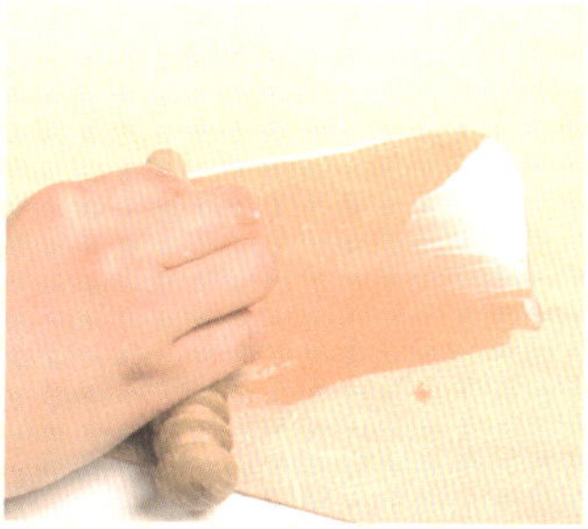

가죽 손질 (22쪽 참고)

염색 (115~116쪽 참고)

부자재 가공 (110~114쪽 참고)

엮기 (94~98쪽 참고)

레이스 휘감기 (99~109쪽 참고)

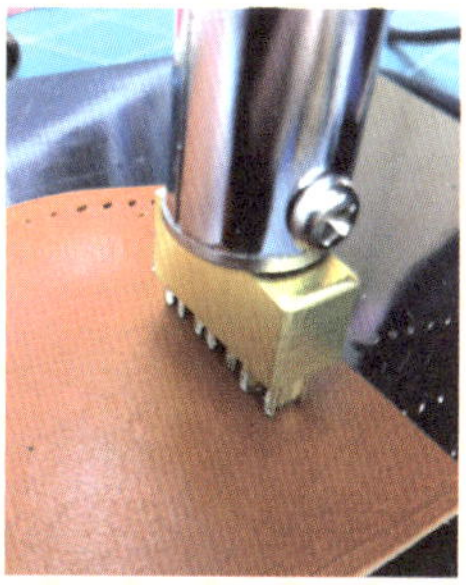

도장 찍기 이니셜이나 상호 찍기

카빙 가죽에 조각하기

PART I

가죽과 기본 제작 기법을 익히자

주로 손바느질을 이용해 만드는 재미가 느껴지는 기본 가죽공예 기법이다. 가죽에 대한 기초 지식과 함께 초보자가 꼭 알아야 할 기본적인 기법을 소개한다.

사진: Hideyo Komine / Yuji Futami / Masato Shibata / Takashi Kajiwara / Editorial Staff

가죽 기초 지식

가죽공예를 시작하기 전에 기본적인 가죽 지식을 알면 더 완성도 높은 작품을 만들 수 있다.
가죽공예의 기본, 가죽에 대해 알아보자.

원피에서 가죽으로

동물의 살갗은 다양한 공정을 거쳐 가죽공예에 사용하는 가죽이 된다. 벗겨낸 가죽은 부패하거나 건조되기 쉬우므로 물로 씻은 뒤 털을 뽑고 붙어 있는 지방을 제거한다. 그런 다음 가죽의 품질을 좌우하는 '무두질'이라고 하는 가공을 거친다. 그 후로도 다양한 처리 과정을 거쳐 비로소 우리가 잘 아는 '가죽'의 형태를 갖추게 된다. 피혁업계에서는 '무두질' 공정에 들어가기 전을 '원피', 무두질이 끝난 후를 '가죽'으로 나눠서 부른다.

가죽의 단위

가죽은 가로세로 10cm의 크기를 1데시(DS)라는 단위로 나타내며 이 단위로 거래가 이루어진다. 위 사진과 같이 반재(半裁: 등을 중심으로 반으로 자른 상태)한 가죽에는 데시 단위로 크기를 표시한 스티커가 붙어 있다. 우리나라에서는 1피트(약 30제곱센티미터) 단위로 판매한다.

가죽 사기

무엇을 만들 것인지, 어느 정도의 크기가 필요한지를 확실히 정한 뒤에 가죽을 산다. 제작할 물건에 따라 적합한 가죽의 종류와 두께가 다르다. 전문 직원이 있는 곳에서 구입하는 것이 좋다. 또 가죽은 본래 어느 정도 상처와 주름이 있으므로 실물을 보고 구입할 것을 권한다.

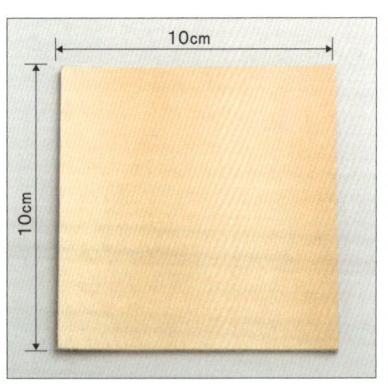

1데시는 10cm×10cm.
반재한 가죽은 약
200~300데시.

가죽 다루기

가죽에는 주름이나 혈관, 동물이 성장할 때 개체를 구분하기 위해 찍어둔 도장이 남아 있다. 이러한 흔적이 전혀 없는 가죽을 구하기는 어려우므로 하나의 개성으로 여기는 편이 좋다. 가죽을 고르거나 작품을 만들 때 가죽에 상처가 나지 않도록 손톱을 세우거나 물건을 올려두지 말아야 한다. 또 습기가 많은 장소에 보관하면 금세 곰팡이가 핀다. 표면에 살짝 핀 곰팡이는 마른 수건으로 닦아내면 제거되지만, 가죽의 섬유 속까지 번식한 경우에는 제거할 수 없다. 통풍이 잘되는 곳에 보관해야 한다. 가죽에는 부드럽고 윤이 나는 표면, 털이 서 있는 뒷면, 측면이 있다.

취급 방법

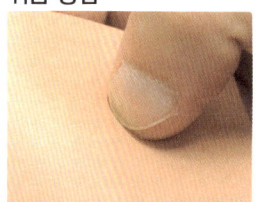

손톱을 세우거나 함부로 다루면 상처가 나므로 주의한다.

소가죽 종류

타닌 무두질 성우(成牛)

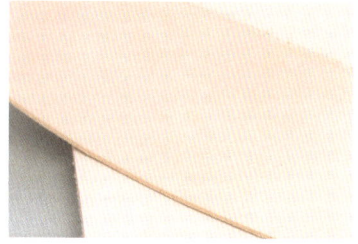

타닌으로 무두질한 소가죽으로, 표면 가공을 많이 하지 않아 염색과 카빙이 가능하다.

오일 가죽

유지를 많이 함유하고 있는 식물 타닌 무두질을 한 가죽. 가방이나 벨트와 같은 바느질 작품에 적합하다.

안장가죽

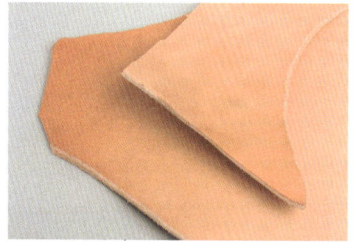

타닌 무두질을 한 후 표면을 갈아 윤을 낸, 두껍고 단단한 가죽이다. 본래 말의 안장에 쓰였다고 해서 안장가죽이라 부른다.

크롬 무두질 가죽

화학약품인 크롬을 이용해 무두질한 가죽으로, 다양한 색의 가죽을 얻을 수 있다. 타닌 무두질 가죽보다 부드럽다.

베지터블 가죽

식물 타닌 무두질만 하고 마무리 공정은 거치지 않은 가죽이다. 사용할수록 황갈색으로 변해가는 재미를 즐길 수 있다.

형압·염색 가죽

형압·염색, 펀칭 가공 등을 거친 가죽도 있다.

가죽공예 도구와 기본 기법

가죽공예를 하려면 전문 도구가 있어야 한다. 바느질로 소품을 만들 때 필요한 기본 도구와 사용 방법, 가죽공예의 기본 기법을 소개한다.

1 가죽공예 기본 도구

❶ **토코놀(마감제)** 가죽의 뒷면이나 측면에 발라 보풀을 정리하고 광택을 내는 약품
❷ **프레스 슬리커** 토코놀을 뒷면에 바를 때, 접착제를 압착할 때, 측면 처리를 할 때 사용한다.
❸ **송곳** 형지를 가죽에 본뜨거나 가죽에 자국을 낼 때 쓴다. 바느질 구멍을 조절할 수도 있다.
❹ **비닐판** 가죽을 재단할 때 밑에 깐다. 사용하는 가죽의 크기와 맞는 판이 좋다.
❺ **커터칼** 가죽을 재단할 때 사용한다. 특수 가죽을 제외하고 대다수 가죽은 커터칼로 자를 수 있다.
❻ **멀티 스티칭 그루버** 바느질할 보조선을 긋는 도구이다.
❼ **4날 다이아몬드 목타** 실을 꿰맬 다이아몬드 형태의 구멍을 뚫는 도구이다. 긴 직선 위에 효율적으로 구멍을 뚫을 수 있다.
❽ **2날 다이아몬드 목타** 목타의 날 수는 다양한데, 2날 목타는 곡선에 구멍을 뚫거나 구멍 수를 조절하는 데 쓴다.

❾ **나무망치** 목타 등으로 구멍을 뚫을 때 나무망치로 두드린다.
❿ **고무판** 목타 등으로 구멍을 뚫을 때 받침으로 사용한다.
⓫ **본드, 본드주걱** 가죽을 붙일 때 사용한다.
⓬ **양면테이프** 가죽을 가접착할 때 사용한다. 폭 2mm 정도의 얇은 것을 준비한다.
⓭ **바늘** 가죽공예용 바늘은 끝이 둥근 것이 특징이다. 예비용을 포함해 4~5개를 구비한다.
⓮ **피혁용 실** 밀랍을 먹인 폴리에스테르 실을 꼰 것으로 보풀이 적다.
⓯ **엣지 비벨러** 가죽 절단면의 각을 깎는 도구이다. 측면을 다듬기 전에 사용한다.
⓰ **순수 말기름** 가죽을 손질할 때 쓰는 100% 말기름으로 가죽에 광택을 준다. (사용방법은 166쪽 참고).

2 국내에서 많이 사용하는 도구

❶ **밀랍** 리넨사의 보풀을 줄이기 위해 사용한다.
❷ **본드클리너** 생고무 재질로 되어 있어 고무계 접착제를 제거하는 용도로 쓴다.
❸ **목공풀** 리넨사 스티치 마감용으로 쓰인다.
❹ **접착제** 고무계 접착제(Bond)는 가죽 접착용으로 가장 널리 쓰인다.
❺ **리넨사** 리넨사는 핸드스티치에 적합하다.
❻ **쪽가위** 꼭 비싼 도구가 필요한 것은 아니다. 쪽가위는 바느질 후 실을 자를 때 흔히 쓴다.
❼ **본드주걱** 접착제를 바를 때 사용하는 주걱. 폭이 좁은 것은 소품용으로 적합하다.
❽ **가죽칼** 가죽 재단에 사용하는 칼이다.
❾ **크리저** 가죽의 모서리를 기준으로 장식선을 넣는 도구. 스티치 간격을 표시하는 용도로도 쓰인다.

3 가죽 뒷면 다듬기

가장 먼저 가죽의 뒷면에 약품을 발라, 일어난 털을 정리하고 다루기 쉽게 만들어야 한다. 사용할 가죽의 크기보다 넓은 면적을 다듬어야 작업이 쉽고 얼룩도 적다. 얼룩이 생기지 않도록 고르게 펴 바르는 것이 포인트다.

사용하는 도구

프레스 슬리커

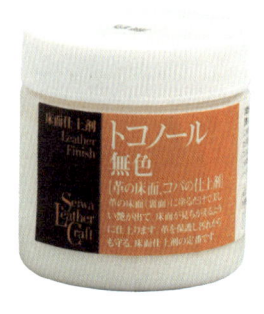
토코놀

1 토코놀을 손가락으로 덜어 가죽 뒷면에 펴 바른다. 사진에서 보이는 양이면 대략 1데시 정도를 다듬을 수 있다.

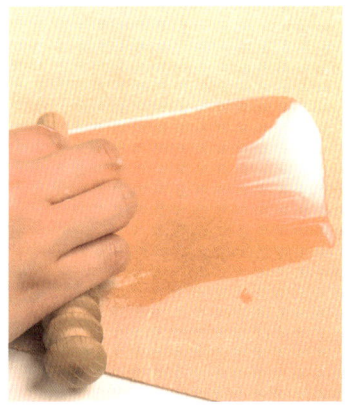

2 프레스 슬리커를 가로로 눕혀 토코놀이 전체에 퍼지도록 가볍게 굴린다. 전체에 펴 바르고 살짝 힘을 주면서 다듬는다.

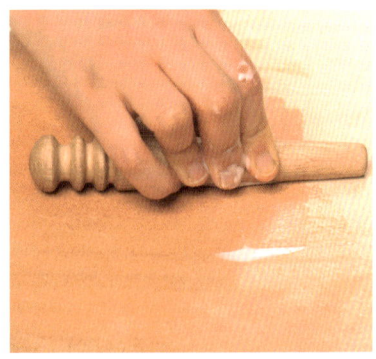

3 밀려난 토코놀이 가죽 표면에 닿지 않도록 주의하면서 전체를 다듬는다.

4 오른쪽 상단은 다듬기 전, 왼쪽 하단은 다듬은 후이다. 광택이 생겼고 털이 정리되었다.

구비하면 편리한 도구

유리판 토코놀을 바를 때 프레스 슬리커 대신 유리판의 가장자리를 이용해도 된다. 무엇을 사용하든 빈틈없이 고르게 바르는 것이 중요하다.

4 형지 본뜨기

가죽을 낭비 없이 쓰기 위해서는 형지를 만들어 가죽의 어느 부분에서 각 조각을 잘라낼 것인지 정해야 한다. 이 책에 실린 작품의 형지는 부록으로 제공되는 도면을 참고해 두꺼운 종이로 만들어야 한다. 측면 폭도 고려해 제작했으므로 그대로 사용하면 된다. 사용할 가죽 위에 형지를 두고 송곳으로 형지를 덧그려 표면에 자국을 남기면 손쉽게 형지를 본뜰 수 있다.

사용하는 도구

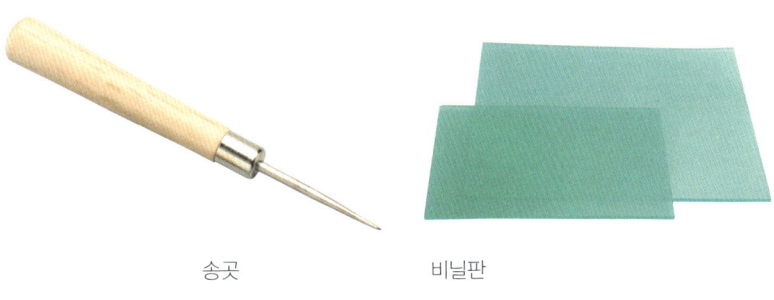

송곳 　　　　　　　　비닐판

1 형지는 페이지 중간과 권말을 참고해 두꺼운 종이로 만든다. 가죽은 표면을 위로 향하게 두고 밑에 비닐판을 깐다.

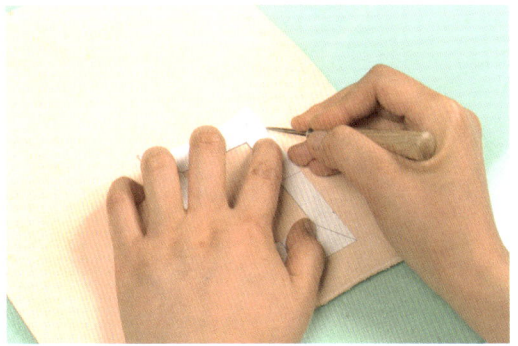

2 형지가 밀리지 않도록 단단히 누르며 형지를 송곳으로 덧그려 옅은 자국을 남긴다.

구비하면 편리한 도구

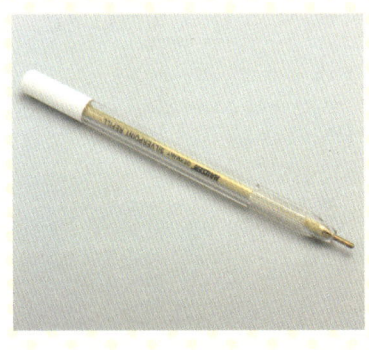

은펜 가죽에 표시를 남길 때 송곳 대신 사용할 수 있는 도구. 가죽에 상처를 내지 않고 지우개로 지울 수도 있어 편리하다.

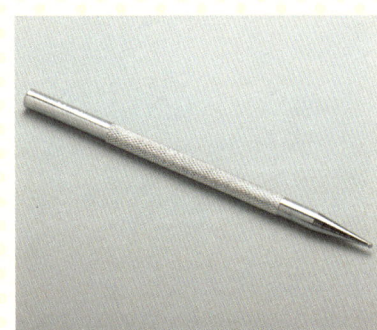

철필 철필도 은펜, 송곳과 더불어 가죽에 표시를 내는 도구이다. 철필의 선은 두꺼우며, 절단 시 송곳 선이 가장 얇아 재단선이 깔끔하게 나온다.

5 가죽 재단하기

형지를 가죽에 덧그리고 나면 가죽을 재단한다. 가죽은 종류와 두께가 다양한데, 악어가죽과 같이 특별히 딱딱한 가죽이 아니면 커터칼로 재단할 수 있다. 칼날이 잘 들지 않으면 바로 교체해야 가죽을 깔끔하게 자를 수 있다. 가죽을 다루는 데 아직 서툴다면 자르기 어려울 수 있다. 무리하게 자르려고 하면 위험하므로 칼을 쓸 때는 충분한 주의를 기울인다.

사용하는 도구

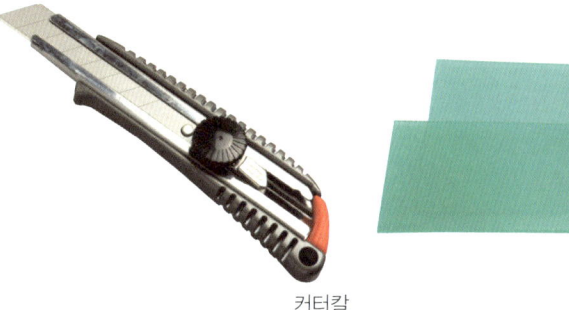

커터칼　　　　　비닐판

1 송곳으로 낸 자국에 커터칼을 대고 바깥쪽에서 안쪽으로 천천히 자른다.

2 한 면을 자를 때는 도중에 멈추지 말고 단숨에 자른다.

3 곡선은 칼이 아니라 가죽을 천천히 움직이며 자른다.

가죽 재단 칼

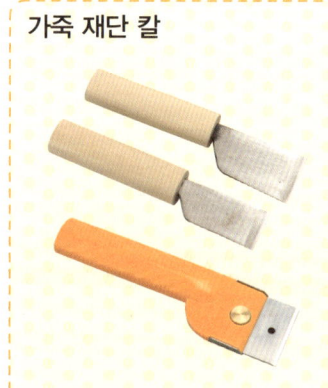

가죽을 재단하는 전문 도구로, 가죽의 두께를 얇게 하기 위해 가죽을 깎아낼 때도 자주 쓴다. 날을 교체할 수 있는 것도 있다.

가죽칼 사용법

칼날의 바깥쪽을 안으로 두고, 엄지손가락을 세워 살짝 뒤로 눕인 다음 자기 앞으로 끌어당기면서 자른다. 칼을 아주 살짝 바깥쪽으로 누여서 자르면 절단면이 수직이 된다.

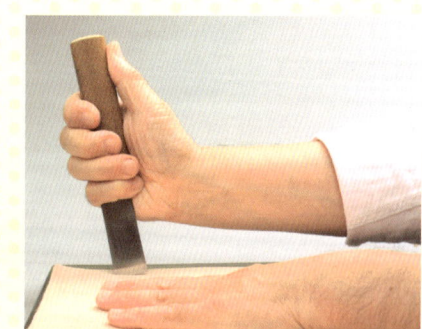

6 바느질 보조선 긋기

바느질을 할 때는 실이 지나갈 구멍을 미리 뚫어준다. 솔기가 깔끔하게 맞물리려면 바느질할 자리에 보조선을 그어 그 위에 바느질 구멍을 내야 한다. 보조선을 긋는 위치는 사용할 목타(pricking iron)의 날 폭에 따라 바뀌므로 날 폭을 확인한다. 멀티 스티칭 그루버는 보조선만 긋는 크리저와 홈도 파는 그루버로 날을 바꿀 수 있다.

구비하면 편리한 도구

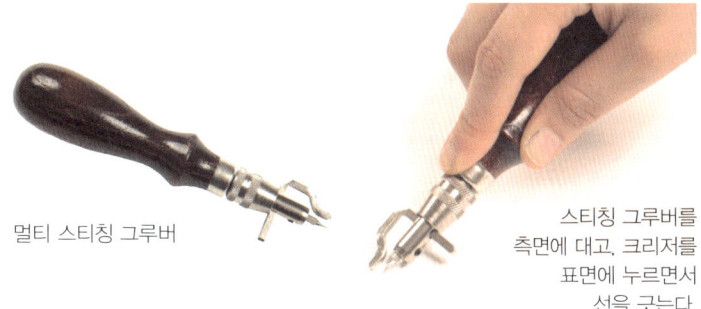

멀티 스티칭 그루버

스티칭 그루버를 측면에 대고, 크리저를 표면에 누르면서 선을 긋는다.

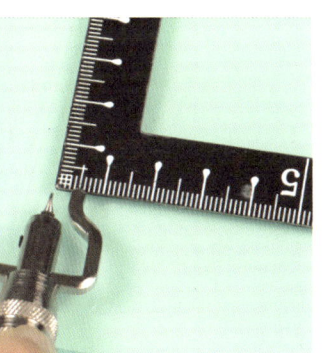

1 스티칭 그루버의 날을 크리저로 끼우고, 제작물의 가죽 두께에 맞춰 보조선의 간격을 조절한다.

2 가죽 모서리에 위아래 같은 간격으로 표시를 하고, 선을 긋기 시작할 위치를 확인한다.

구비하면 편리한 도구

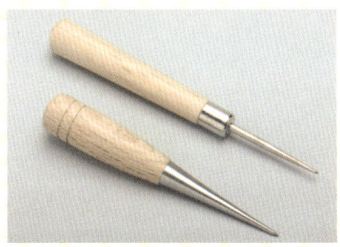

송곳 송곳으로도 보조선을 그을 수 있으나 모서리에서 간격을 맞추기가 어렵다.

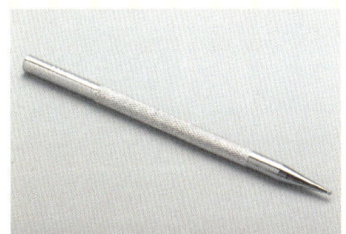

철필 송곳과 마찬가지로 보조선은 그을 수 있으나 모서리에서 같은 간격을 맞추기가 어렵다.

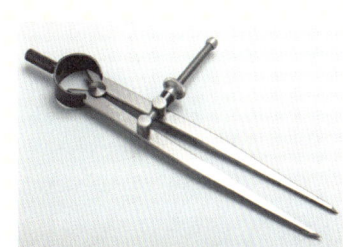

디바이더 한쪽 날을 측면 바깥쪽으로 빼서 쓰면 스티칭 그루버와 똑같이 사용할 수 있다.

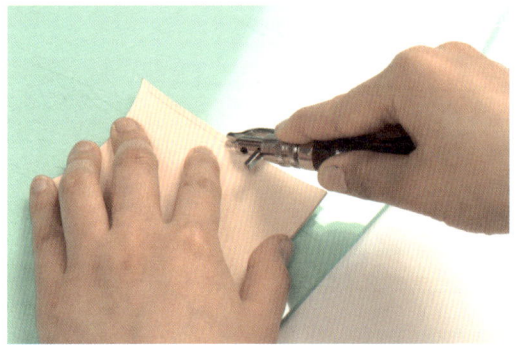
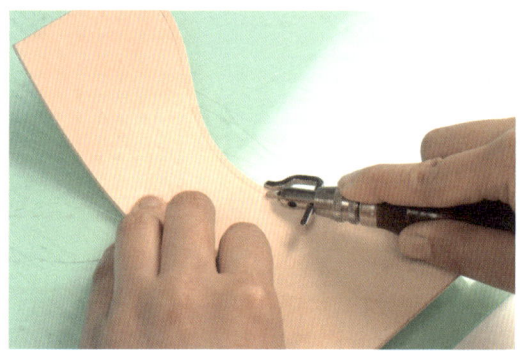

3 보조선을 그을 위치에 크리저를 대고 측면에 걸친 뒤, 몸 쪽으로 천천히 잡아당기며 긋는다.

4 곡선에서 보조선을 그을 때도 측면에 걸친 스티칭 그루버가 빠지지 않도록 단단히 고정하고 긋는다.

멀티 스티칭 그루버의 날 교체 방법

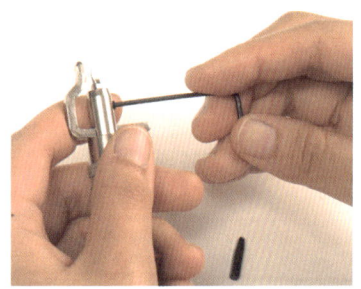
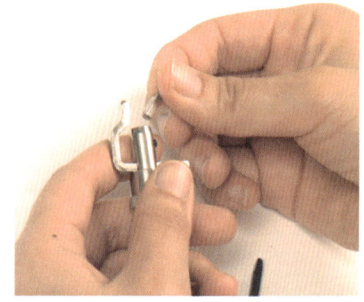
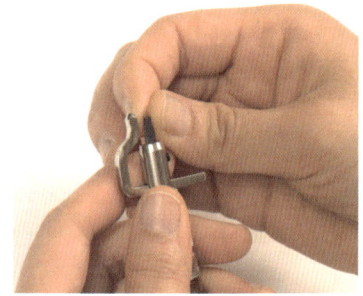

1 그루버로 날을 교체하려면 먼저 육각렌치로 날을 고정하고 있는 나사를 푼다.

2 선긋기 날인 크리저를 뺀다.

3 그루버로 바꿔 끼운다. 날에 나 있는 구멍 방향에 주의한다.

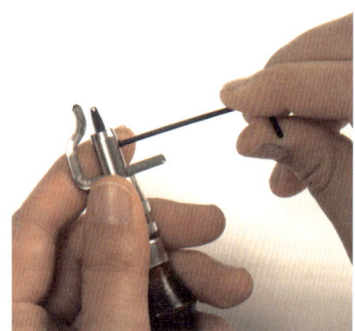
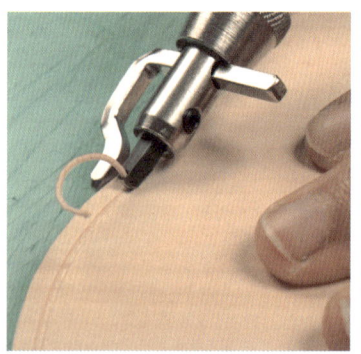

4 육각렌치로 본체의 나사를 조여 고정시킨다.

5 날을 그루버로 교체하면 사진처럼 가죽에 홈을 팔 수 있다.

CHECK
바느질 홈을 판다

바느질할 부분에 홈을 파면 사진 아래의 바늘땀처럼 가죽의 표면과 실의 높이가 같아져 실의 마모를 방지할 수 있다.

처음 시작하는 가죽공예

7 바느질 구멍 뚫기

바느질할 보조선을 그었다면 그 위에 목타로 바느질 구멍을 뚫는다. 다이아몬드 형태의 목타로 구멍을 뚫으면 바늘땀이 사선이 되면서 바느질 특유의 멋이 난다. 바느질 구멍을 뚫는 방법은 가죽의 두께에 따라 나누어서 설명한다. 다만 얇은 가죽이라도 겉과 안을 깔끔하게 처리하려면 두꺼운 가죽에서 설명한 방법을 이용해도 된다. 한 번 뚫은 구멍은 막을 수 없으므로 뚫기 전에 구멍의 위치를 확인한다.

사용하는 도구

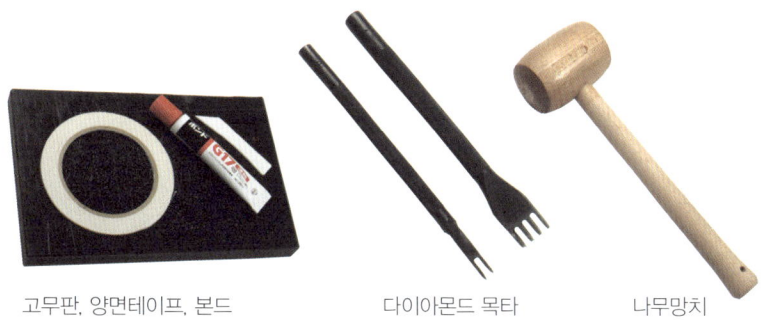

고무판, 양면테이프, 본드   다이아몬드 목타   나무망치

1 가죽을 두 장 이상 같이 꿰맬 때, 가죽이 얇으면 양면테이프로 붙이고 동시에 구멍을 뚫는다. 재단선을 따라 양면테이프를 붙이고 가죽이 비뚤어지지 않도록 맞춘다.

2 바느질 선에 목타를 가볍게 대고 표시하며 구멍 위치와 수를 확인한다.

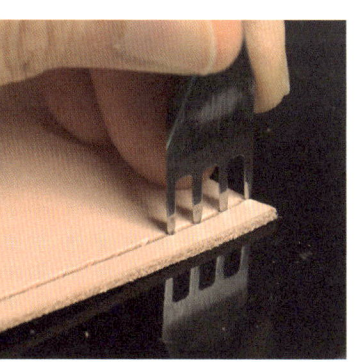

3 4날 목타의 날 하나를 밖으로 뺀 뒤 자국을 내기 시작한다.

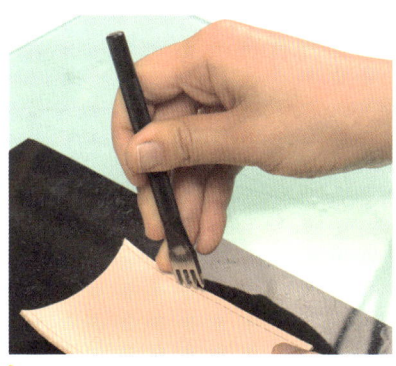

4 먼저 낸 자국에 목타 날을 하나 걸치면서 자국을 낸다. 그러면 일정한 간격으로 자국을 낼 수 있다.

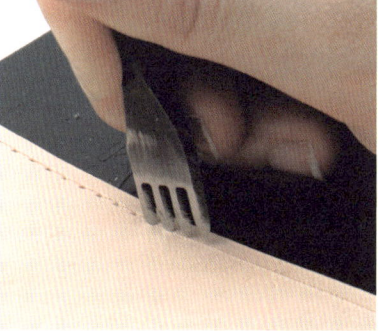

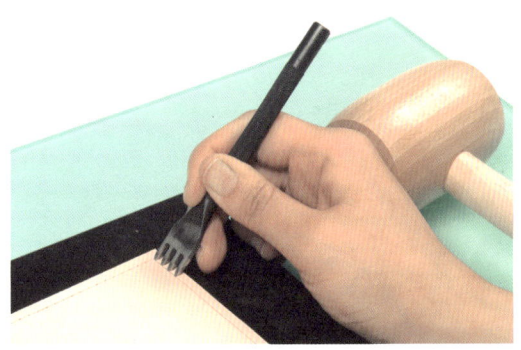
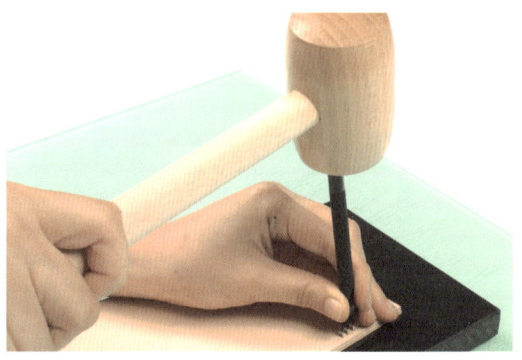

5 바느질 선 위에 자국을 다 냈다면 구멍을 뚫는다. 자국을 확인하며 그 위에 목타 날을 댄다.

6 목타를 수직으로 세우고 머리를 나무망치로 두드려 구멍을 뚫는다. 2, 3회 두드려 아래 가죽까지 뚫는다.

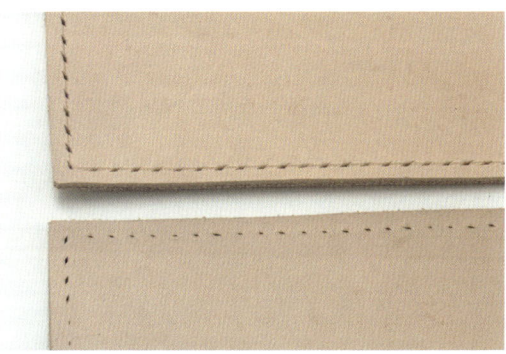

7 다음 구멍은 먼저 뚫은 구멍에 첫 번째 목타 날을 걸친 후 수직으로 세워서 뚫는다.

8 가죽을 두 장 겹쳐 구멍을 뚫으면 아래쪽 가죽의 구멍이 작아 바늘을 넣기 어려울 수 있다. 송곳 등으로 구멍을 넓혀준다.

구비하면 편리한 도구

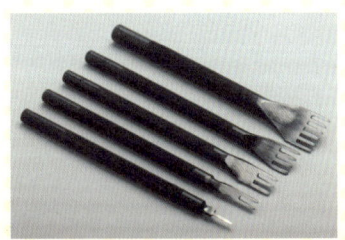

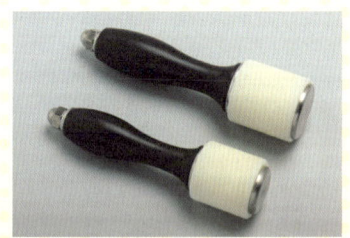

다이아몬드 목타 다이아몬드 목타는 날 수와 간격에 따라 종류가 다양하므로 제작물의 크기에 따라 구분해서 쓴다.

일반 목타 일반 목타는 주로 가죽 레이스를 휘감을 때 사용하지만, 바느질 구멍을 뚫을 수도 있다.

몰(Maul) 나무망치 대신 다이아몬드 목타를 칠 수 있는 도구로, 나무망치보다 힘을 가하기 쉽다.

본드로 가죽 붙이기

CHECK

양면테이프 외에 본드로도 가죽을 붙일 수 있다. 먼저 본드를 칠할 부분의 뒷면을 커터로 긁어 보풀을 만든다.

본드를 뒷면에 바른다. 시접보다 안쪽에 칠해 본드가 비어져 나오지 않도록 주의한다.

가죽 밑에 종이를 깔고 본드주걱을 이용해 불필요한 본드를 바깥쪽으로 밀어낸다. 본드가 얇고 고르게 발린 상태가 이상적이다.

맞붙일 가죽의 양쪽에 본드를 칠한다. 본드를 사용하면 양면테이프보다 견고하게 붙는다.

두 가죽이 비뚤어지지 않도록 딱 맞춰서 붙인다. 프레스 슬리커로 눌러주면 더 압착된다.

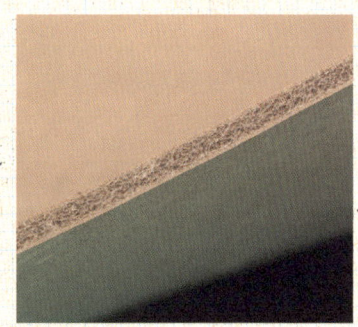

본드를 얇게 바를수록 붙인 표시가 나지 않아서 마무리가 깔끔하다.

가죽이 두꺼운 경우

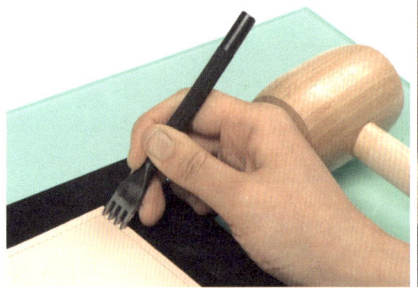

1 양면테이프를 붙이고 바느질 구멍 수를 확인할 자국을 남기는 것까지는 얇은 가죽과 동일하지만, 구멍을 뚫을 때 아래쪽 가죽까지 다 뚫지 않고 자국만 남긴다.

2 양면테이프를 떼어내고 아래쪽 가죽에 자국이 생긴 것을 확인한다.

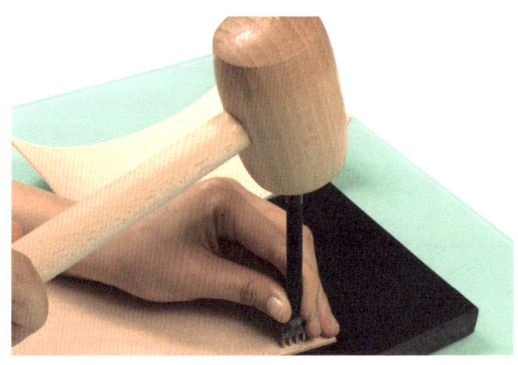
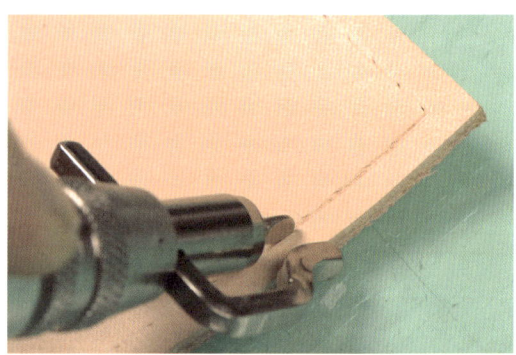

3 아래 가죽의 뒷면을 위로 하고, 방금 생긴 자국에 다이아몬드 목타를 대고 구멍을 뚫는다.

4 아래에 있던 가죽의 표면을 위로 하고 구멍 위에 보조선을 긋는다. 그러면 바느질 땀이 깔끔하게 나온다.

모서리와 곡선에 구멍 뚫기 CHECK

모서리 부분에 구멍을 두 번 뚫지 않도록 한다. 모서리까지 뚫었다면 첫 번째 목타 날을 구멍에 걸지 않고 다음 구멍을 뚫는다.

곡선에는 2날 다이아몬드 목타를 사용한다. 곡선이 심하면 1날 다이아몬드 목타를 사용해 조절한다.

8 바늘과 실 준비하기

한 가닥의 실 양쪽 끝에 바늘 두 개를 꿰는 것이 가죽공예 바느질의 특징이다. 가죽공예용 바늘은 끝이 뭉툭하고 바늘귀가 튼튼한 것을 준비한다. 실은 종류가 다양한데, 폴리에스테르 실은 보풀이 일어나는 것을 막기 위해 밀랍칠을 할 필요가 없어 초보자가 쓰기 좋다. 실의 종류에 따라 취급하는 방법이 다르므로 각 실에 맞는 방법을 알아둔다.

사용하는 도구

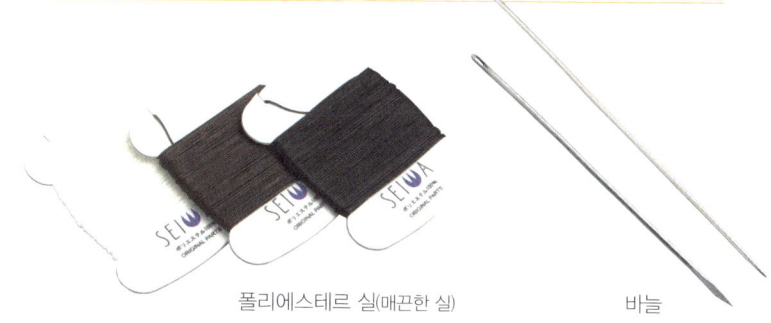

폴리에스테르 실(매끈한 실) 바늘

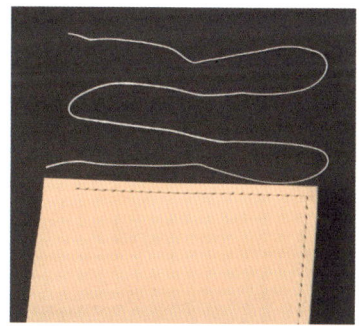

1 꿰맬 길이보다 3~4배 긴 실을 준비한다.

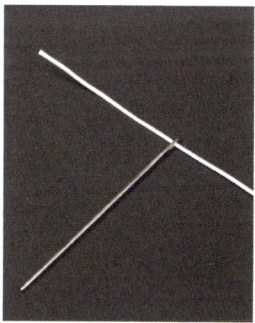

2 실 끝을 정리해 바늘귀에 실을 꿴다.

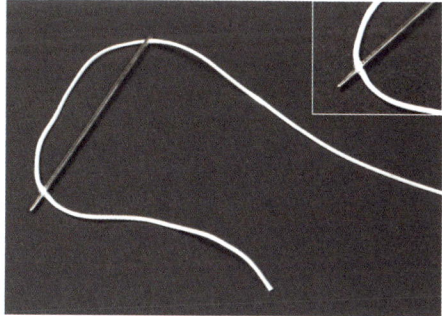

3 실 끝에서 7~8cm 떨어진 실 중앙 부분에 바늘을 관통시킨다. 실 가운데로 바늘이 통과하도록 하면 된다.

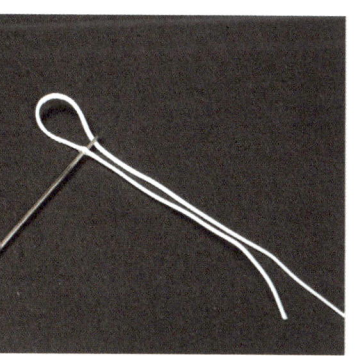

4 바늘을 관통시킨 실을 바늘귀 쪽으로 옮긴 뒤, 바늘귀에 꿰인 실과 바늘을 관통시킨 실을 각각 화살표 방향으로 잡아당긴다.

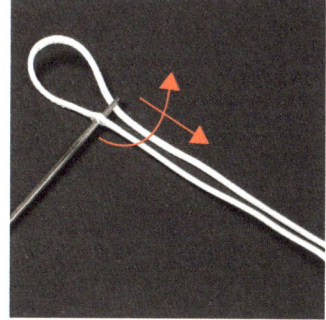

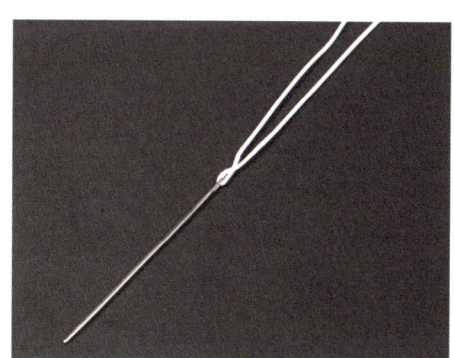

5 실을 끝까지 잡아당기면 사진처럼 된다. 다른 한쪽도 같은 과정을 반복해 하나의 실에 바늘 두 개를 꿴다.

● 다양한 실과 처리 방법

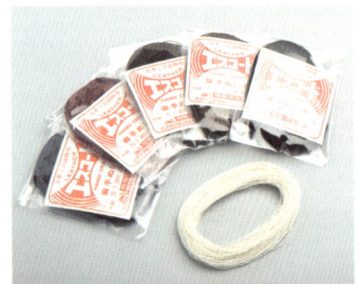  

리넨사(마사, 麻絲) 자연 상태의 마를 꼬아서 만든 실로, 굵기가 다양하다.

밀랍(왁스) 실을 튼튼하게 하고 일어난 털을 정리하며, 깔끔한 바늘땀을 만들어준다.

시뉴사(Sinew絲) 본래는 동물의 힘줄로 만들었으나, 지금은 폴리에스테르 실이 주류를 이룬다. 두께를 조절할 수 있으며 튼튼하다.

● 리넨사 처리 방법

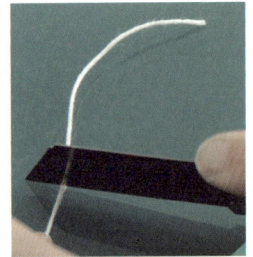  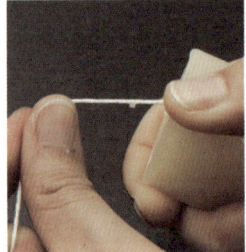 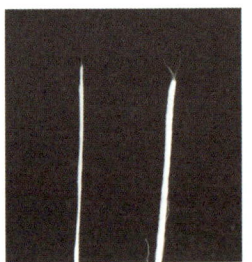

1. 실 끝에 커터칼을 대고 밀어내며 꼬임을 푼다. 칼 등을 이용해도 좋다.
2. 꼬임이 풀리면 커터칼을 잡은 손에 살짝 힘을 주어 실을 깎아낸다.
3. 실에 일어난 털을 정리하고, 바늘귀에 넣기 쉽도록 밀랍을 바른다.
4. 왼쪽은 밀랍칠을 한 실, 오른쪽은 일반 실이다. 실 끝을 깎아내면 바늘귀에 넣기 쉽다.

● 시뉴사 처리 방법

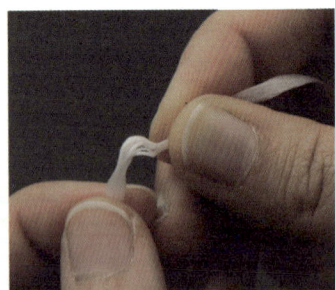 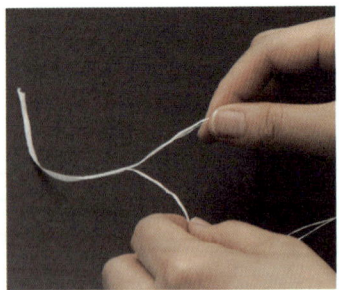 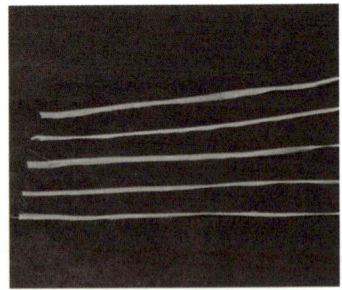

1. 얇은 섬유가 여러 가닥 꼬여 있으므로 실을 비벼 다발을 푼다.
2. 다발이 풀리면 하나씩 떼어낸다.
3. 실 하나를 다섯 가닥으로 나눴다. 원하는 두께로 몇 개씩 꼬아 쓴다.

9 바느질하기 (새들스티치)

새들스티치는 가죽공예의 기본 바느질 방법이다. 깔끔하고 가지런한 바늘땀을 만드는 것은 가죽공예의 묘미 중 하나로 심플한 작품에서는 바늘땀 자체가 디자인 포인트가 된다. 하나의 구멍에 앞과 뒤 양쪽에서 바늘을 넣으므로 재봉질을 한 듯한 모양이 나온다. 바늘을 꿰는 방법, 실을 잡아당기는 방법에 주의한다면 초보자라도 가지런한 바늘땀을 만들 수 있다. 포인트를 참고해 정확하게 바느질을 하자.

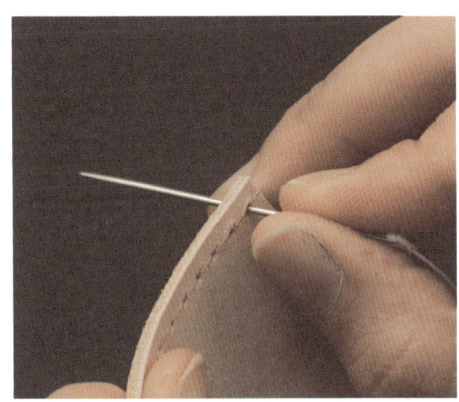

1 꿰매기 시작할 구멍에 바늘을 넣는다. 바느질을 시작하는 부분은 각 작품의 상세 페이지를 참고한다.

2 두 바늘을 한 손에 잡고 실의 길이를 똑같이 맞춘다.

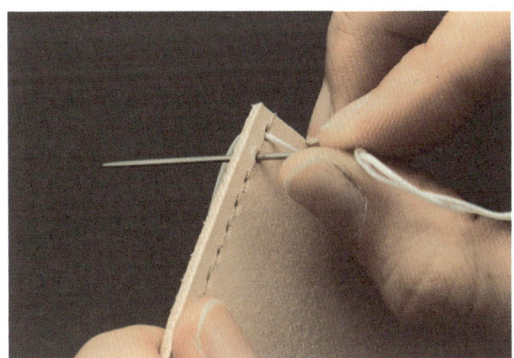

3 작품의 바깥쪽(여기서는 표면)에 있는 바늘을 다음 구멍에 넣는다. 반드시 바깥쪽 바늘부터 넣어야 한다.

4 안쪽(여기서는 뒷면)을 보고, 바느질을 진행하는 방향에 대해 바깥쪽에서 넣은 실 앞으로 바늘을 통과시킨다.

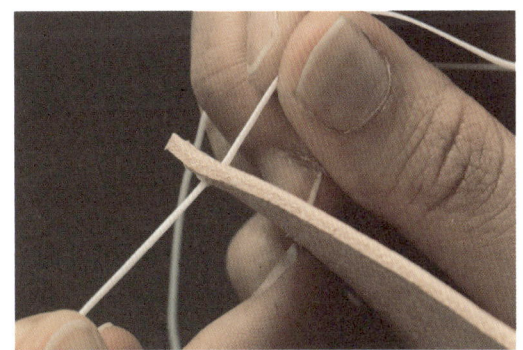

5 실을 양쪽으로 꽉 잡아당겨 바늘땀을 정리한다. 이어서 바깥쪽에 있는 바늘을 먼저 넣고 이 과정을 반복한다.

가지런하게 바느질하는 요령

다이아몬드 목타로 가죽에 바느질 구멍을 내면 왼쪽 사진과 같이 다이아몬드 형태의 구멍이 생긴다. 올바른 방법으로 바느질을 하면 바로 옆 사진의 중앙처럼 구멍에 실이 꽉 들어찬 바늘땀이 작품 표면에 나타나고, 안쪽은 아래와 같이 평탄한 바늘땀이 나온다. 바늘을 통과시키는 순서나 실을 죄는 방법이 제각각이면 상단의 사진과 같이 바늘땀이 엉망이 되므로 바느질하는 방법을 확실히 익혀둔다.

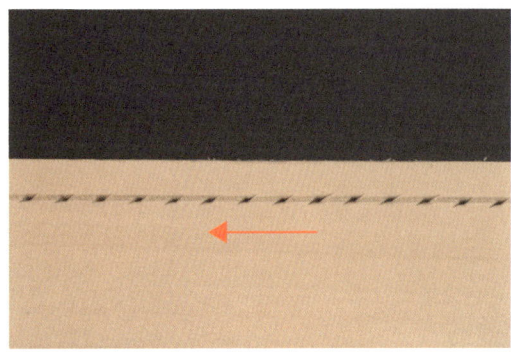

1 오른쪽에서 왼쪽으로 바느질하는 방법을 설명한다. 다이아몬드 모양의 구멍 방향을 확인한다.

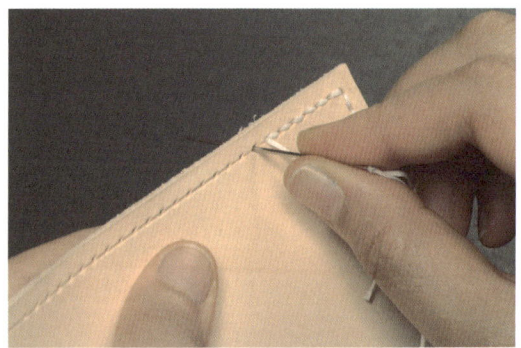

2 앞에서 설명했듯이 다음 구멍에 바늘을 넣을 때는 바깥쪽 바늘부터 넣는다.

3 가죽 안쪽을 보고, 다음 바늘을 바깥쪽에서 넣은 실 앞으로 쉽게 넣기 위해 바깥쪽에서 넣은 실을 왼쪽 위로 비스듬히 잡아당겨 구멍을 넓힌다.

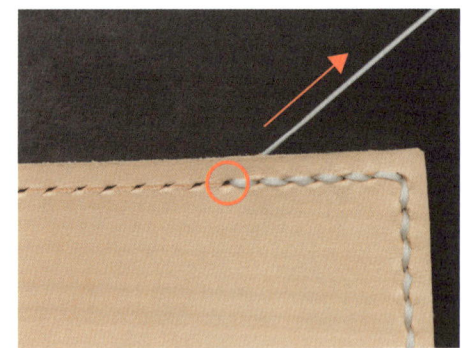

4 바느질 구멍을 넓히려면 실을 다이아몬드의 뾰족한 모서리 쪽으로 잡아당기면 된다. 구멍의 방향을 확인하면서 잡아당기면 손쉽다.

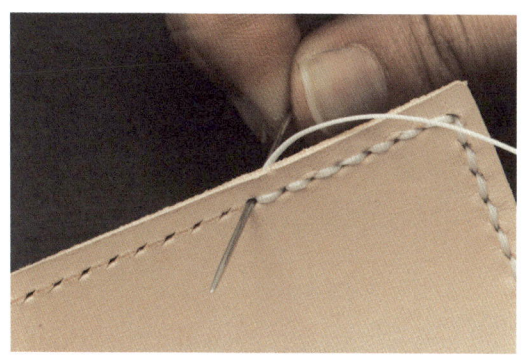

5 구멍이 넓어지면서 틈이 생겨 안쪽에서 실을 쉽게 넣을 수 있다. 안쪽에서 실을 넣고 두 가닥의 실을 죈다.

6 이 순서를 따라 꿰매면 바깥쪽 바늘땀은 사진 위와 같이, 안쪽은 아래와 같이 나온다.

실수하기 쉬운 포인트   CHECK

○ 1

× 2

3

1. 작품을 안쪽에서 봤을 때, 바깥쪽에서 넣은 실(빨간 실)보다 안쪽에서 넣은 실(검은 실)을 바느질 방향의 앞쪽으로 넣는다. 2. 빨간 실을 왼쪽 아래로 비스듬하게 잡아당기면 바느질 방향과 반대쪽에 틈이 생겨 바늘을 넣을 위치가 틀리게 된다. 이처럼 다이아몬드 형태로 바느질 구멍을 낸 경우, 1과 같이 빨간 실을 오른쪽 위로 비스듬하게 당겨야 바느질을 하는 방향으로 틈이 생겨서 검은 실을 넣을 때 실수가 없다. 구멍의 모양을 확인하고 빨간 실을 어디로 잡아당길지 판단하는 것이 중요하다. 3. 안쪽에서 바늘을 넣을 때 넣는 방법이 틀리면 이처럼 실 가운데로 바늘이 지나갈 수 있다. 먼저 넣은 실을 당겨서 구멍을 넓혀 바느질하는 방향으로 틈을 만든 뒤, 그 틈에 바늘을 넣어야 실수가 적다.

도중에 실이 부족해지면

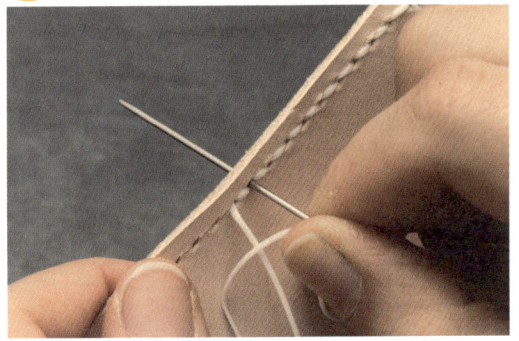

1 준비한 실이 짧거나 부족해지면 실이 약 8cm 정도 남았을 때 바깥쪽에 있는 바늘을 바로 전 구멍에 넣는다.

2 안쪽으로 뒤집어 바깥쪽에서 넣은 실과 안쪽에 있는 실을 자른다. 짧게 자르면 실이 빠질 수 있으므로 2cm 정도 남겨두고 자른다.

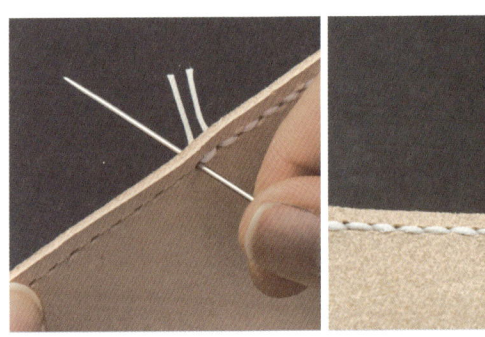

3 남은 길이보다 약 4배 정도 긴 실을 준비해 바늘을 꿰고, 실을 마지막으로 넣은 구멍에 바깥쪽에서 바늘을 넣는다.

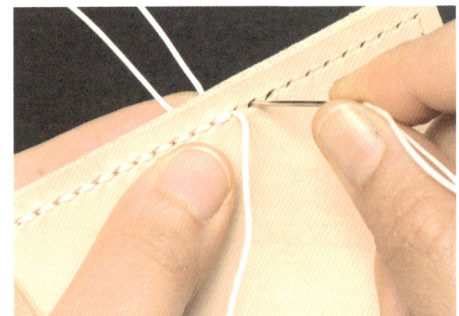

4 실을 같은 길이로 맞추고 두 땀을 박는다. 일정한 힘으로 실을 잡아당겨 바늘땀을 가지런히 한다.

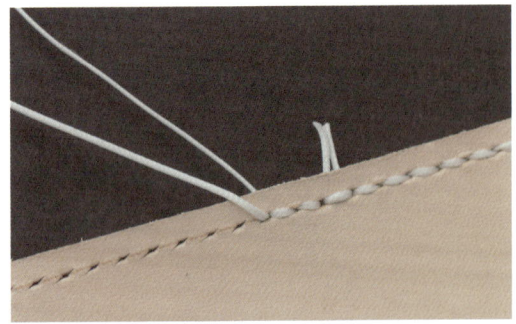

5 두 땀을 박은 상태이다. 처음 실은 새로운 실로 어느 정도 바느질을 한 뒤에 정리한다.

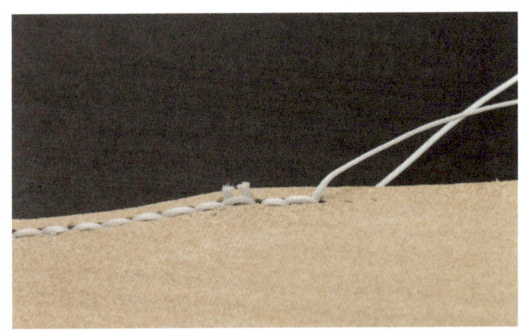

6 처음 실을 매듭짓는다. 약 3mm 정도를 남겨두고 가위로 잘라낸다.

7 폴리에스테르 실은 불로 녹여서 붙일 수 있다. 라이터 불을 가까이 대고 처음 실의 끝을 녹인다.

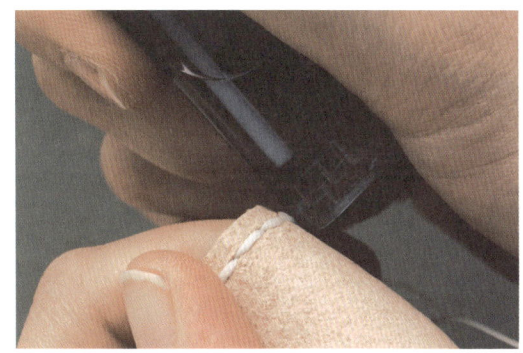

8 실이 녹으면 재빨리 라이터 바닥으로 눌러서 붙여준다. 실을 고정하는 방법은 다음 쪽에도 나와 있다.

CHECK

바늘을 넣기 힘들 때 해결 방법

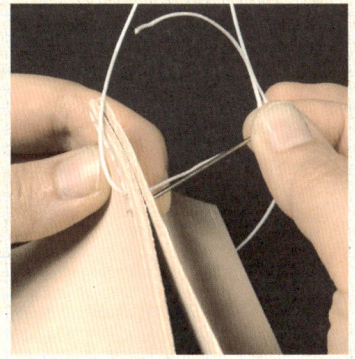

1 바늘로 구멍을 넓힌다
바늘 넣는 방향의 반대 방향(안쪽)에서 바늘로 구멍을 넓혀주는 방법이 가장 간단하다. 실을 아직 꿰매지 않은 구멍은 이 방법을 이용한다.

2 송곳으로 구멍을 넓힌다
구멍이 지나치게 작거나 실을 이미 꿰맨 곳은, 송곳으로 구멍을 넓힌 뒤 바늘을 넣는다. 구멍이 너무 넓으면 바늘땀이 지저분해지므로 주의한다.

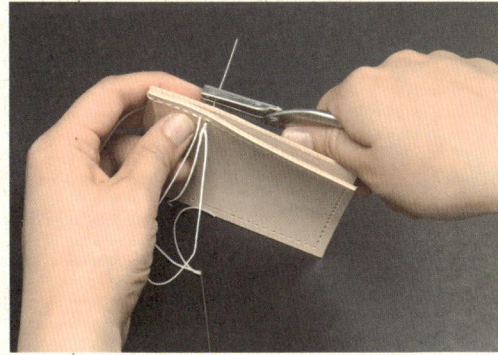

3 집게로 잡아 뺀다
바늘 끝을 구멍에 넣었다 하더라도 바늘귀 쪽은 실이 이중으로 되어 있어 그 부분만 빠지지 않는 경우도 많다. 이때는 끝이 평평한 집게로 바늘을 잡아 뺀다. 바늘과 구멍이 수직이 되게 한 뒤 힘을 줘서 똑바로 잡아 뺀다. 비스듬하게 잡아 빼면 바늘귀 부분에서 바늘이 끊어져 사용하지 못할 수도 있으므로 충분한 주의를 기울인다.

10 실 매듭짓기

바늘땀이 가지런하도록 바느질을 한 뒤 실의 매듭까지 깔끔하게 짓는다면 더욱 완성도 높은 작품이 된다. 기본적으로는 바느질을 끝낸 부분의 강도를 높이기 위해 박음질을 한 뒤 실을 묶지 않고 마무리한다. 실을 묶지 않기 때문에 매듭이 생기지 않아 울퉁불퉁하지 않고 매끈하게 마무리할 수 있다. 폴리에스테르나 나일론 같은 인공섬유로 만든 실과 마사는 고정하는 방법이 다르므로, 먼저 폴리에스테르 실부터 마무리 짓는 방법을 소개한다.

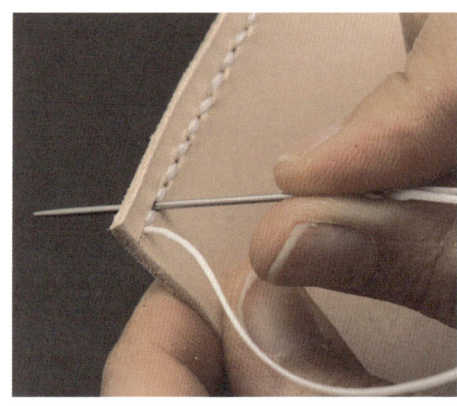

1 마지막까지 바느질을 마쳤다면, 바깥쪽 바늘을 먼저 한 땀 되돌려 박는다.

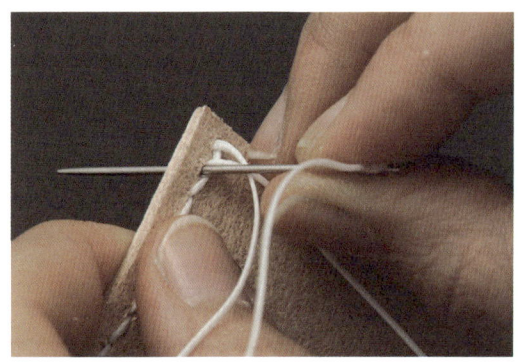

2 안쪽 바늘도 한 땀 되돌려 박는다. 즉 끝에서 두 번째 구멍에는 실이 네 번 지나가게 되므로 송곳으로 구멍을 넓혀준다.

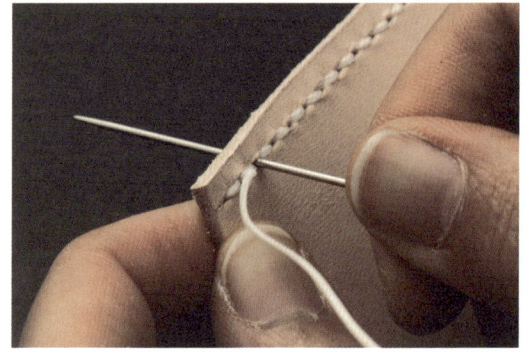

3 다시 바깥쪽으로 뒤집어 바늘을 한 땀 더 되돌려 박는다. 이 구멍도 바늘이 잘 들어가지 않으면 송곳으로 구멍을 넓혀준다.

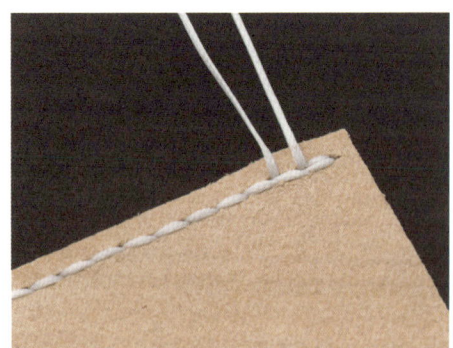

4 안쪽으로 뒤집어보면 위와 같은 상태가 된다. 튼튼하게 하기 위해 한 땀 박음질을 한 뒤 안쪽에서 실을 멈춘다.

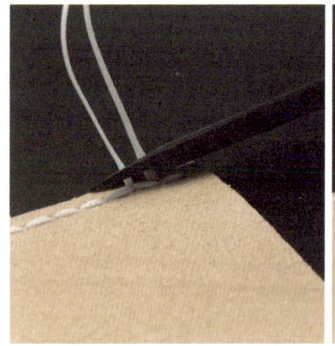

5 안쪽에 있는 두 가닥의 실을 3mm 정도만 남겨두고 가위로 잘라낸다.

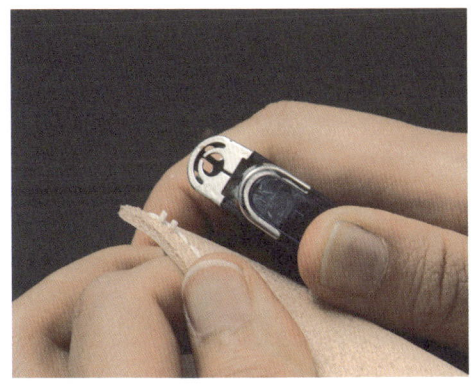
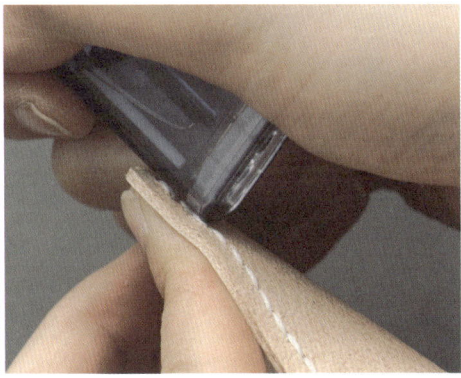

6 라이터 불로 실 끝을 녹인 뒤 라이터 바닥으로 눌러 접착시킨다. 2, 3초 정도면 녹으므로 너무 오래 녹이지 않도록 한다.

마사 매듭짓기

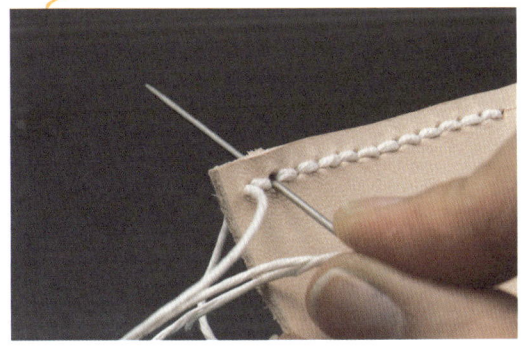

1 마사도 폴리에스테르 실과 마찬가지로, 가죽 바깥쪽에서 실을 한 땀씩 되돌려 박는다.

2 마사는 구멍에 넣기 힘드므로 왁스를 꼼꼼하게 바르고, 바느질을 하는 중간에도 왁스칠을 해주면 좋다.

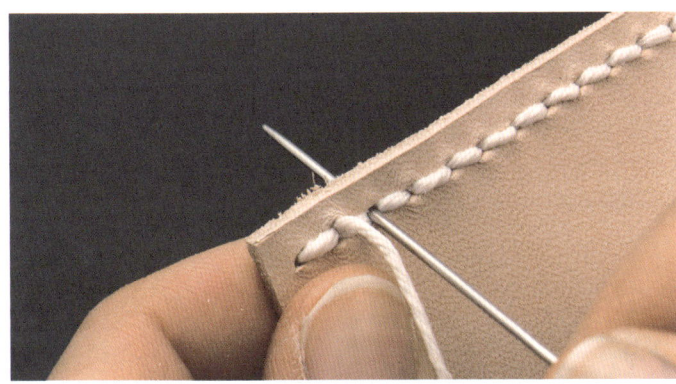

3 한 땀씩 되돌려 박았다면 바깥쪽에 나와 있는 바늘을 한 땀 더 뒤로 넣어서, 두 실이 안쪽으로 오게 한다. 이 과정도 폴리에스테르 실과 같다.

4 안쪽에서 실을 1mm 남겨두고 자른다. 바늘땀과 매우 가깝게 자르므로 바늘땀의 실을 자르지 않도록 주의한다.

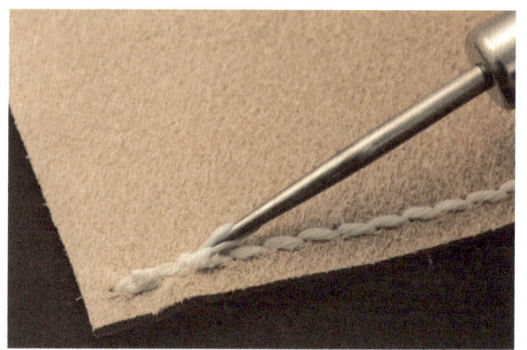

5 송곳 끝에 피혁용 본드를 발라. 잘린 실 끝과 박음질을 한 부분의 바늘땀에 바른다.

6 반쯤 마르면 본드 바른 곳을 손가락으로 눌러 실을 접착시킨다.

7 마사를 본드로 붙인 곳. 매듭을 짓지 않고 실을 고정시켜서 뒷면도 평평하고 깔끔하게 마무리되었다.

시뉴사 매듭짓기

1 밀랍을 먹인 폴리에스테르 실과 마무리 방법이 동일하다. 한 땀 박음질을 한 뒤 두 가닥의 실을 안쪽에서 자른다.

2 시뉴사도 녹여서 붙인다. 라이터 불로 실을 녹인 뒤 라이터 바닥으로 눌러 고정시킨다.

11 측면 다듬기

마지막으로 가죽을 자른 절단면, 측면의 보푸라기를 정리하는 방법을 소개한다. 측면에 약품을 발라 보푸라기를 정리하는 것을 측면 다듬기라고 한다. 이 과정을 거치면 내구성이 높아지고 작품도 깔끔해진다. 단 마감제로 쓰는 토코놀이 가죽의 표면에 묻으면 얼룩이 생기므로 신중하게 작업한다.

사용하는 도구

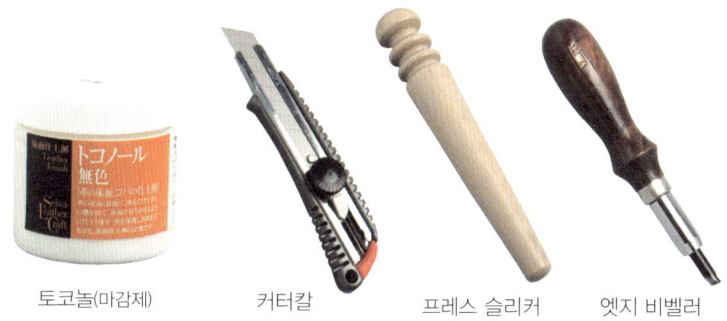

토코놀(마감제)   커터칼   프레스 슬리커   엣지 비벨러

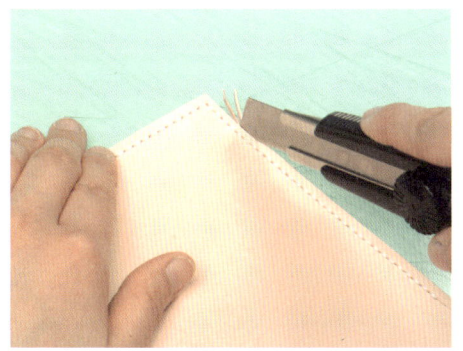

1 커터칼로 측면을 반듯하게 자른다. 사전에 송곳으로 재단선을 표시해두어도 좋다.

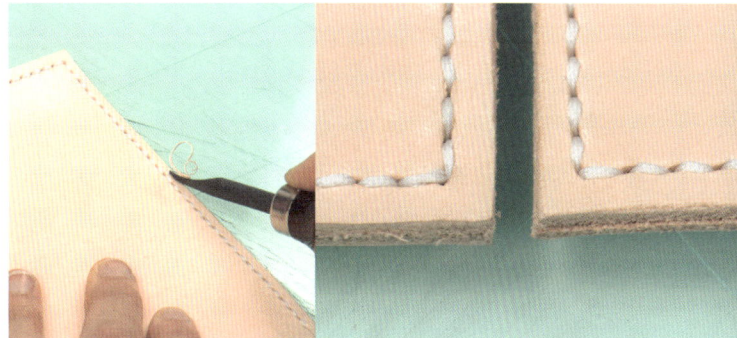

2 엣지 비벨러를 표면과 측면이 만나는 가장자리에 대고, 앞에서부터 안으로 밀며 각을 깎는다. 오른쪽 두 사진 중 왼쪽이 깎기 전, 오른쪽이 깎은 후이다.

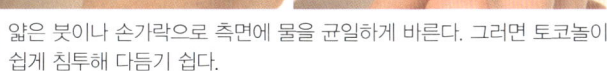

3 얇은 붓이나 손가락으로 측면에 물을 균일하게 바른다. 그러면 토코놀이 쉽게 침투해 다듬기 쉽다.

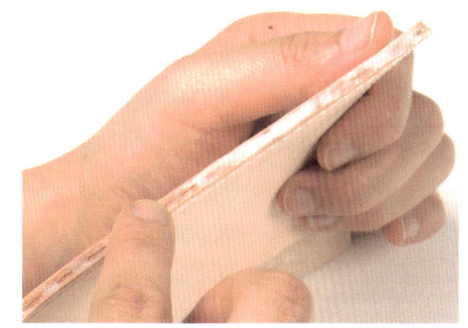

4 토코놀을 손가락으로 덜어 측면에 꼼꼼히 펴 바른다. 표면에 묻지 않도록 주의한다.

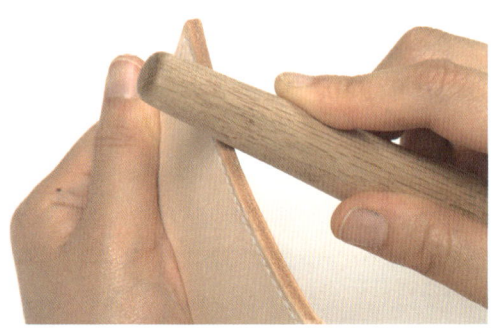

5 5분 정도 두었다가 토코놀이 반쯤 마르면 화장지로 남은 토코놀을 닦아낸다.

6 프레스 슬리커를 위아래로 움직이며 윤이 날 때까지 측면을 문지른다.

7 측면이 얇으면 프레스 슬리커의 홈이나 가죽 자투리의 표면을 이용해 다듬는다.

8 위쪽이 다듬은 후, 아래쪽이 다듬기 전이다. 다듬을수록 가죽을 겹친 표시가 나지 않는다.

구비하면 편리한 도구

드렛서(dresser) 커터칼로 측면의 경사를 정리하는 대신 드렛서로 문질러도 된다. 사포 대용으로도 사용할 수 있다.

원형 우드 슬리커 옆에 난 홈을 가죽의 측면에 대고 문지른다. 프레스 슬리커와 같은 기능이다.

자투리 가죽 공정 7에서처럼 소가죽 자투리의 표면으로 측면을 다듬어도 된다.

기본 기법으로 가죽공예품을 만들어보자

키홀더	44
책 커버	48
동전지갑	56
카드지갑	62
장지갑	68
토트백	78

키홀더

KEY HOLDER

기본적인 제작 과정을 익히자

심플하고 질리지 않는 디자인으로 초보자도 쉽게 이해할 수 있는 키홀더 제작을 통해, 보조선을 긋고 바느질 구멍을 뚫어 실을 꿰맨 뒤 측면을 다듬는 가죽공예의 기본적인 흐름을 파악한다.

가죽공예에서는 아무리 크고 복잡한 디자인이라도 만드는 과정이 크게 다르지 않다. 여기선 형지 제작, 가죽 재단, 뒷면 처리 과정은 생략한다. 그러나 보조선을 긋고 바느질 구멍을 뚫어 가죽을 꿰맨 뒤, 측면을 다듬는 기본적인 흐름을 파악함으로써 원하는 모든 작품을 제작할 수 있다. 한 장의 형지로 간단히 만들 수 있는 키홀더 제작으로 일련의 공정을 알아보자.

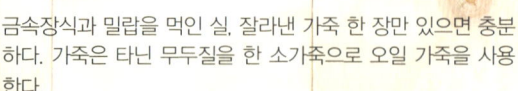

금속장식과 밀랍을 먹인 실, 잘라낸 가죽 한 장만 있으면 충분하다. 가죽은 타닌 무두질을 한 소가죽으로 오일 가죽을 사용한다.

형지

125%로 확대해서 사용한다

형지는 이 한 장뿐이다. 직사각형도 좋고, 자신이 만들 수 있는 모양으로 변형해도 좋으나 처음에는 재단하기 쉬운 형태를 고른다. 금속장식도 자신의 취향대로 바꿔달아도 좋다.

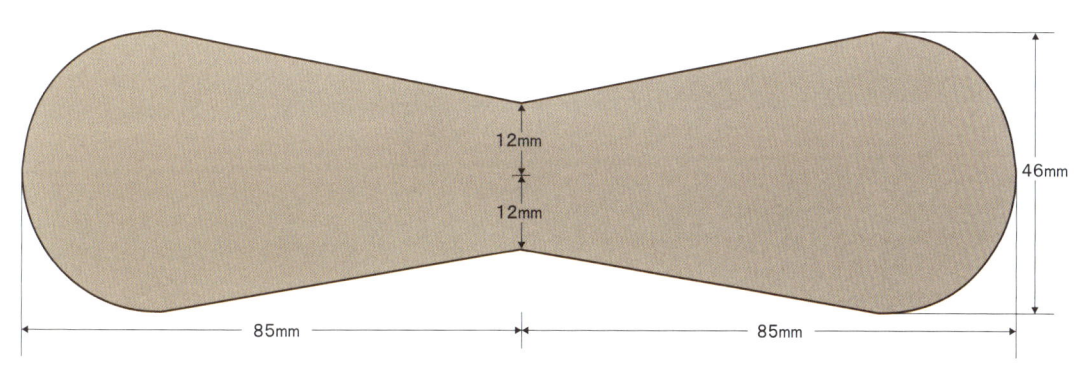

CHECK

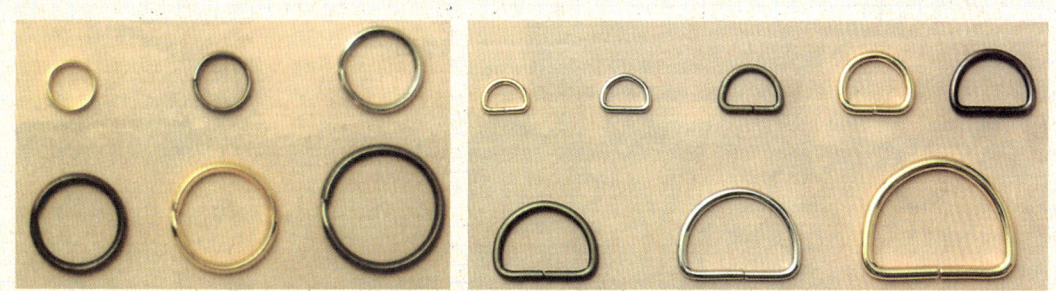

여기서는 직경 33mm의 금색 금속장식(이중 링)을 사용하나, 금속장식은 이 외에도 종류가 많다. 왼쪽 사진은 같은 종류의 금속장식이지만, 위쪽부터 직경이 10mm, 12mm, 15mm, 18mm, 21mm, 24mm이며 색도 순금색, 은색, 구리색 등으로 다양하다. 또 오른쪽 사진의 D링이라고 불리는 금속장식도 크기와 색상에 따라 다양한 종류가 있다. 자신이 만들고자 하는 작품의 크기와 용도에 맞춰 골라 쓴다.

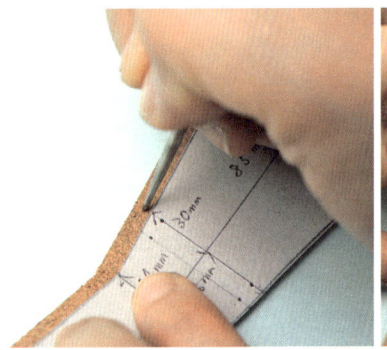  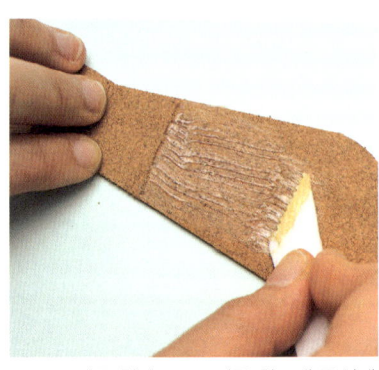

1 잘라낸 가죽의 뒷면에 형지를 대고, 중심에서 좌우로 각각 15mm 떨어진 부분에 송곳으로 표시를 한다. 그 표시를 참고해 중심에서 15mm 떨어진 부분에 평행선을 긋고, 평행선의 바깥쪽 전체에 본드를 얇게 바른다.

  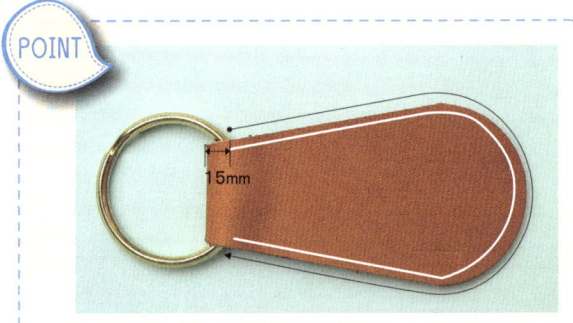

2 본드가 살짝 마르면 금속장식을 끼우고 가운데를 접어 마주붙인 뒤 손으로 꾹꾹 누른다.

3 사진의 흰 선 위치에 보조선을 긋고, 바느질 구멍은 가죽을 반으로 접은 상태에서 검은색 선의 방향을 따라 뚫는다.

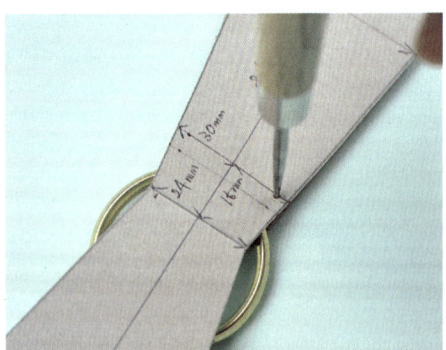 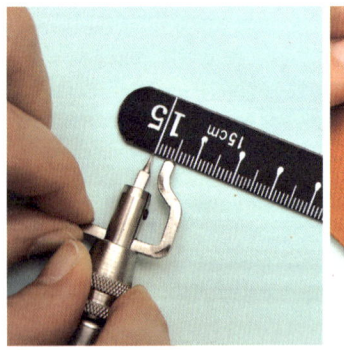 

4 보조선의 시작점을 정하기 위해 다시 형지를 대고 15mm 위치에 송곳을 찔러 가죽의 표면에 표시를 한다.

5 멀티 스티칭 그루버를 3mm로 조절하고, 사진 3에서 설명한 흰 선을 따라 보조선을 긋는다.

처음 시작하는 가죽공예

6 보조선의 시작점에 다이아몬드 목타의 첫 번째 날을 대고 구멍을 뚫기 시작한다. 곡선 부분은 2날 목타를 이용한다.

7 사진과 같이 한 번에 꿰맨다.

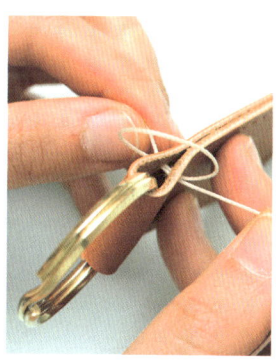 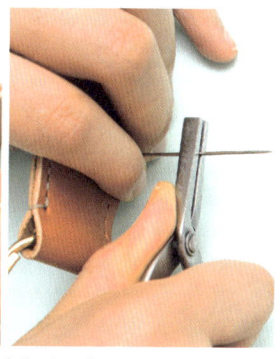 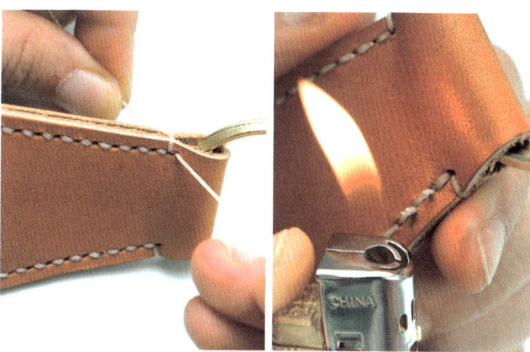

8 먼저 바늘 두 개를 같은 구멍에 넣고 측면에 실이 한 번 휘감기도록 한 뒤 바느질을 시작한다. 도중에 바늘이 잘 들어가지 않으면 집게를 이용한다.

9 마무리를 할 때도 실을 측면에 건 뒤 자른다. 라이터 불로 가볍게 녹여 붙여 풀림을 방지한다.

10 다 꿰맸다면 엣지 비벨러로 모든 가장자리를 깎은 뒤, 측면에 물을 묻히고 토코놀을 바른다. 마지막으로 프레스 슬리커로 정성들여 다듬으면 완성.

11 약 2시간이면 완성하는 간단한 열쇠고리에 기본 제작 방법이 다 담겨 있다.

책커버
BOOK COVER

정확한 재단의 기초를 익히자

책커버를 만들 때는 책의 크기에 맞춰 긴 직선을 정확하게 잘라내야 한다. 또 제대로 꿰매기 위해 각 조각의 바느질 구멍도 맞춰야 한다. 이 장에서 그 기본 방법을 익히자.

재단을 조금만 잘못해도 책의 크기와 맞지 않기 때문에 책커버를 만들 때는 특히 직선을 정확하게 자르는 작업에 신경을 써야 한다. 기본적인 제작 방법만 익혀둔다면 언제든지 자신이 평소에 잘 읽는 책의 크기에 맞는 커버를 만들 수 있다. 또 책갈피나 금속장식을 더하거나, 이름을 새겨넣는 등 취향에 맞춰 변형시킬 수도 있다. 크게 만들려면 직선도 더 길게 잘라야 하므로 한층 고도의 기술과 집중력이 요구된다.

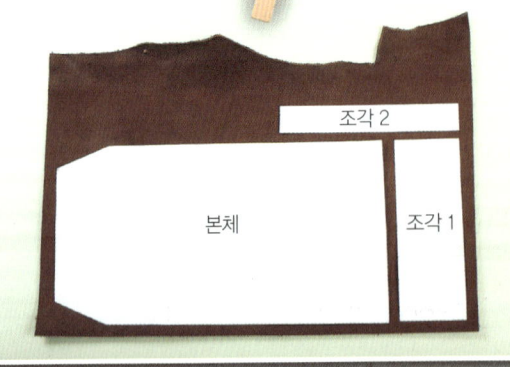

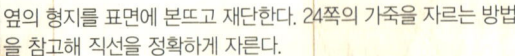

옆의 형지를 표면에 본뜨고 재단한다. 24쪽의 가죽을 자르는 방법을 참고해 직선을 정확하게 자른다.

형지

250%로 확대하여 사용한다

왼쪽 하단의 가장 큰 조각이 본체가 된다. 책커버를 끼우기 위해 본체에 조각 1을 꿰매고, 조각 2는 본체 오른쪽에서 180mm 떨어진 부분에 꿰매어 반대쪽 커버를 끼워넣는다. 이 형지는 문고판이 들어가는 크기다. 사이즈를 바꿀 때는 사전에 정확하게 치수를 재야 한다.

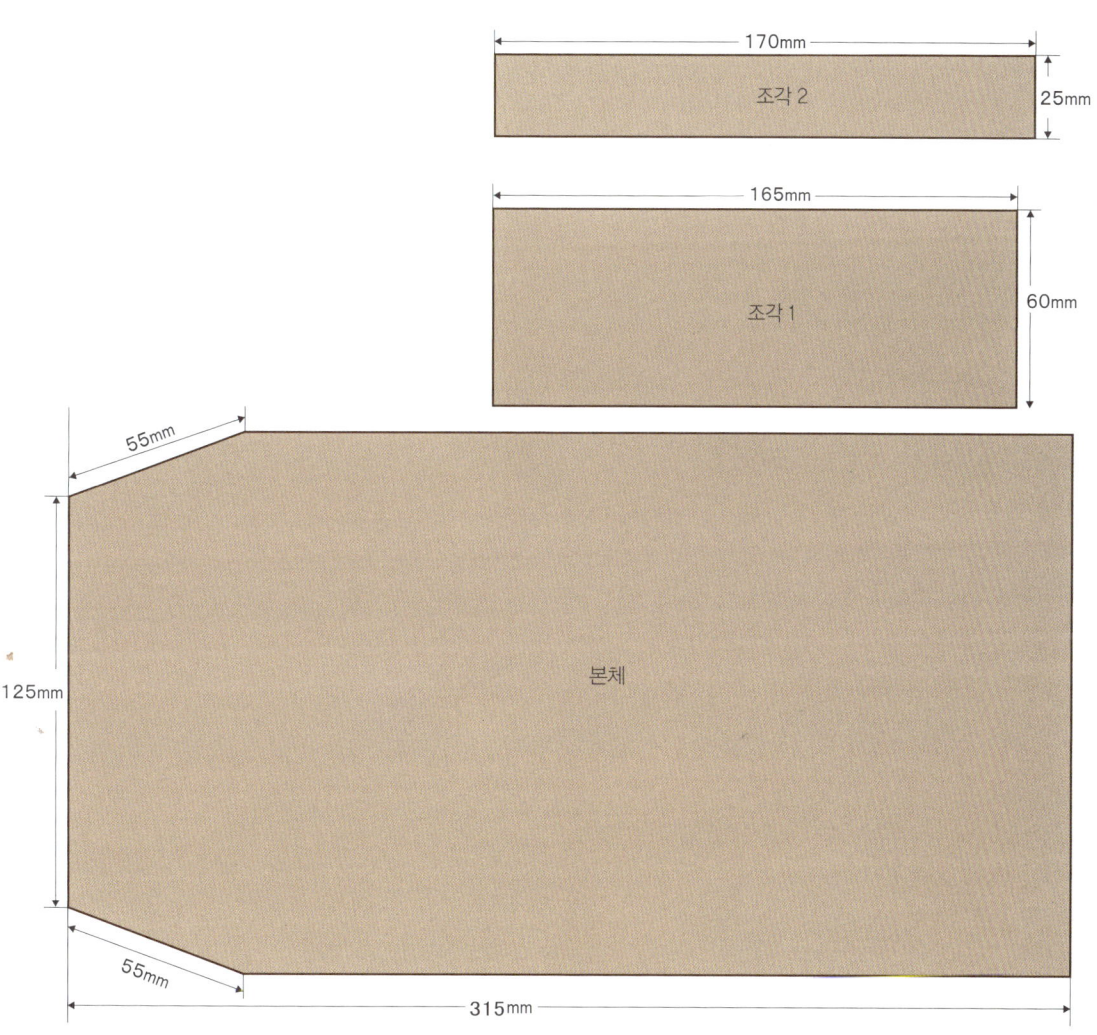

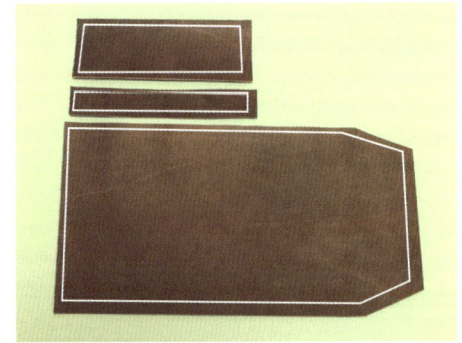

1 가죽 위에 형지를 대고 송곳으로 정확하게 선을 넣은 뒤 커터칼로 선을 따라 일직선으로 절단한다. 절단면이 수직이 되도록 주의한다.

2 흰 선은 스티칭 그루버로 보조선을 넣을 자리다.

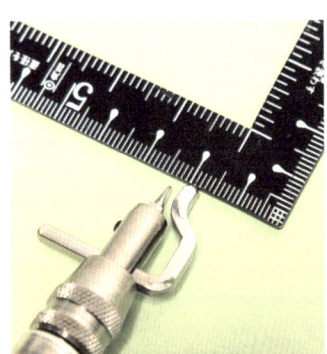

3 먼저 스티칭 그루버를 3mm로 맞추고 사진 2의 흰 선을 따라 본체 조각에 보조선을 넣는다.

4 가장자리에 걸고서, 긋고자 하는 직선과 자신의 몸이 수직이 되도록 가죽을 움직이면 된다.

5 조각 1과 조각 2에도 사진 2에 그어놓은 흰 선을 따라 스티칭 그루버로 보조선을 긋는다.

CHECK

디자인에 따라 다를 수 있으나, 이 경우는 보조선이 끝까지 닿지 않도록 보조선끼리 이어 선을 긋는다.

POINT

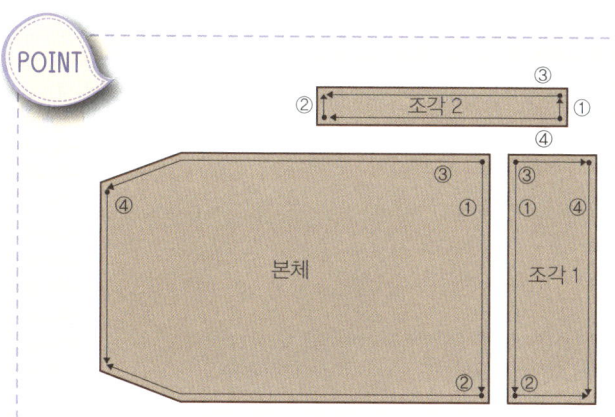

6 목타를 칠 순서를 확인한다. 본체 조각에서 ①, ②, ③의 처음 약 6cm는 조각 1의 ①, ②, ③과 꿰맨다. 목타의 길이를 계산하여 만들었으나 맞지 않을 때도 있으므로 구멍 위치를 제대로 맞추려면 기점을 정확히 파악하고 목타를 친다. 또 조각 2의 짧은 변은 같은 방향으로 친다.

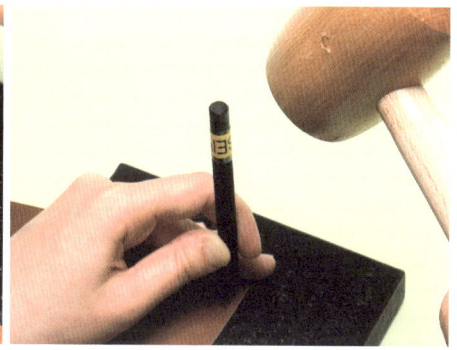

7 본체의 오른쪽 상단 모서리에 4날 다이아몬드 목타를 대고 사진 6의 선 ①을 따라 나무망치로 두드려 구멍을 뚫는다. 가죽의 두께에 따라 다르나, 너무 강하게 치면 구멍이 커져서 보기 싫으므로 주의한다.

8 앞서 낸 구멍 끝에 날 하나를 걸고 일직선으로 뚫는다.

POINT

9 4날 다이아몬드 목타로 작업을 하다 날이 남는 경우, 2날 다이아몬드 목타를 쓴다.

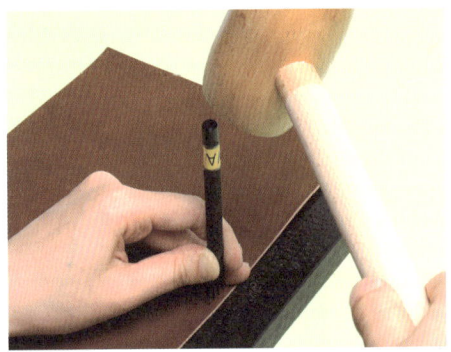

10 사진 6의 선 ②, ③을 따라 구멍을 뚫는다. 모서리는 2날 목타를 써서 보조선에서 벗어나지 않도록 조절한다.

11 마지막으로 본체의 선 ④를 따라 목타를 친다. 여기서는 다소 구멍 간격이 맞지 않아 땀 사이에 송곳으로 구멍을 뚫어 간격을 조정했다.

12 오른쪽 커버를 끼울 조각 1에 구멍을 뚫는다. 본체의 바느질 구멍과 맞는지 확인하면서 뚫는다.

13 마찬가지로 선 ②와 ③도 본체의 바느질 구멍과 맞추며 다이아몬드 목타를 친다.

14 마지막으로 조각 2는 짧은 변의 기점을 각각 같은 방향으로 정하고 구멍을 뚫는다. 여기서는 구멍 간격이 잘 맞아 특별히 문제는 없다.

POINT

15 본체에서 오른쪽으로 180mm 떨어진 뒷면에 표시를 하고 조각 2를 꿰맬 기준점으로 삼는다.

16 조각 1의 긴 변을 꿰맨다(51쪽 사진 6의 ④). 긴 변에 실을 대보고 약 3~4배 길이의 실을 준비한다.

17 커터칼로 밀랍 먹인 실을 자를 때는 실이 미끄러우므로 주의한다.

18 새들스티치로 끝부터 꿰맨다. 이 정도의 길이는 실 한 가닥으로 충분히 꿰맬 수 있다.

19 바느질이 끝나면 풀리지 않도록 두 땀 정도 박음질을 한 뒤 가위로 잘라낸다.

20 잘라낸 실의 끝을 라이터로 가볍게 녹인다. 실이 녹으면 불을 바로 꺼서 가죽이 타지 않도록 한다.

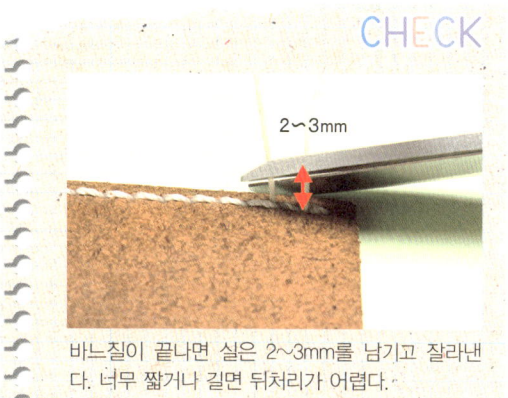

CHECK

바느질이 끝나면 실은 2~3mm를 남기고 잘라낸다. 너무 짧거나 길면 뒤처리가 어렵다.

21

긴 조각을 꿰매는 순서를 설명한다. 먼저 본체와 조각 1을 포갠 뒤 선 ① 을 따라 꿰맨다. 그리고 180mm 지점에 있는 구멍과 맞춰 조각 2를 꿰매고 덧박음질로 마무리한다. 마찬가지로 선 ②를 꿰매고 마지막으로 선 ③을 실 한 가닥으로 꿰맨다.

22
본체와 조각 1을 겹쳐 바느질 구멍을 맞춘 뒤, 사진 21에서 설명한 선 ①을 따라 꿰매기 시작한다. 본체와 조각 1은 뒷면끼리 접하도록 포갠다.

23
본체와 조각 1의 경계 부분은 해지기 쉬우므로 덧박음질을 해 튼튼하게 마무리한다.

24
꿰매다가 사진 15에서 표시를 한 부분에 이르면 조각 2를 대고 본체와 함께 꿰맨다.

25 조각 2에서 바느질을 시작하는 부분도 해지기 쉬우므로 두 땀 정도 박음질을 한다. 그런 후 실을 잘라내고 라이터로 녹여 고정시킨다.

26 선 ①의 기점과 같은 땀에서, 사진 21에서 설명한 선 ②를 꿰맨다.

27 이어서 선 ③을 꿰맨다. ①의 마지막 땀에 바늘을 넣어 꿰매기 시작한다.

28 조각 2와 본체의 경계는 반드시 박음질을 하여 튼튼하게 만든다. 오른쪽 사진과 같이 책커버의 위쪽 경계선도 박음질을 한다.

29 선 ③이 선 ②와 만나면 실을 잘라내고 라이터로 지져 고정시킨다.

30 손바느질만으로 훌륭한 책커버가 완성되었다.

동전지갑
COIN CASE

곡선을 정확하게 자른다

반원 모양의 베이직한 동전지갑은 곡선을 연습하는 데 가장 적절한 제품으로, 같은 형태를 두 장 정확하게 잘라내는 기술이 필요하다. 또 벨트 부분은 두께를 줄이기 위해 양 끝을 사선으로 깎아내는 기술을 쓴다.

곡선은 커터칼은 움직이지 않고 가죽을 돌리면서, 칼 끝이 항상 몸과 수직을 이루도록 하고 자르는 게 요령이다. 그러면 칼 끝이 누워 비스듬하게 재단되는 것을 막을 수 있다. 이번 작품은 같은 형태의 가죽을 두 장 겹쳐서 안쪽에 주머니를 만드는 구조이다. 곡선의 가죽 두 장을 같은 크기로 재단해야 하므로, 더욱 정확한 재단 기술을 익힐 수 있다. 또 가죽의 두께를 조절하는 '가죽 피할' 기법도 설명한다.

본체 1과 2를 같은 크기로 자르기 위해서는 정확한 곡선 처리가 중요하다. 여기서는 가죽을 능숙하게 돌리며 재단하는 방법을 익힌다.

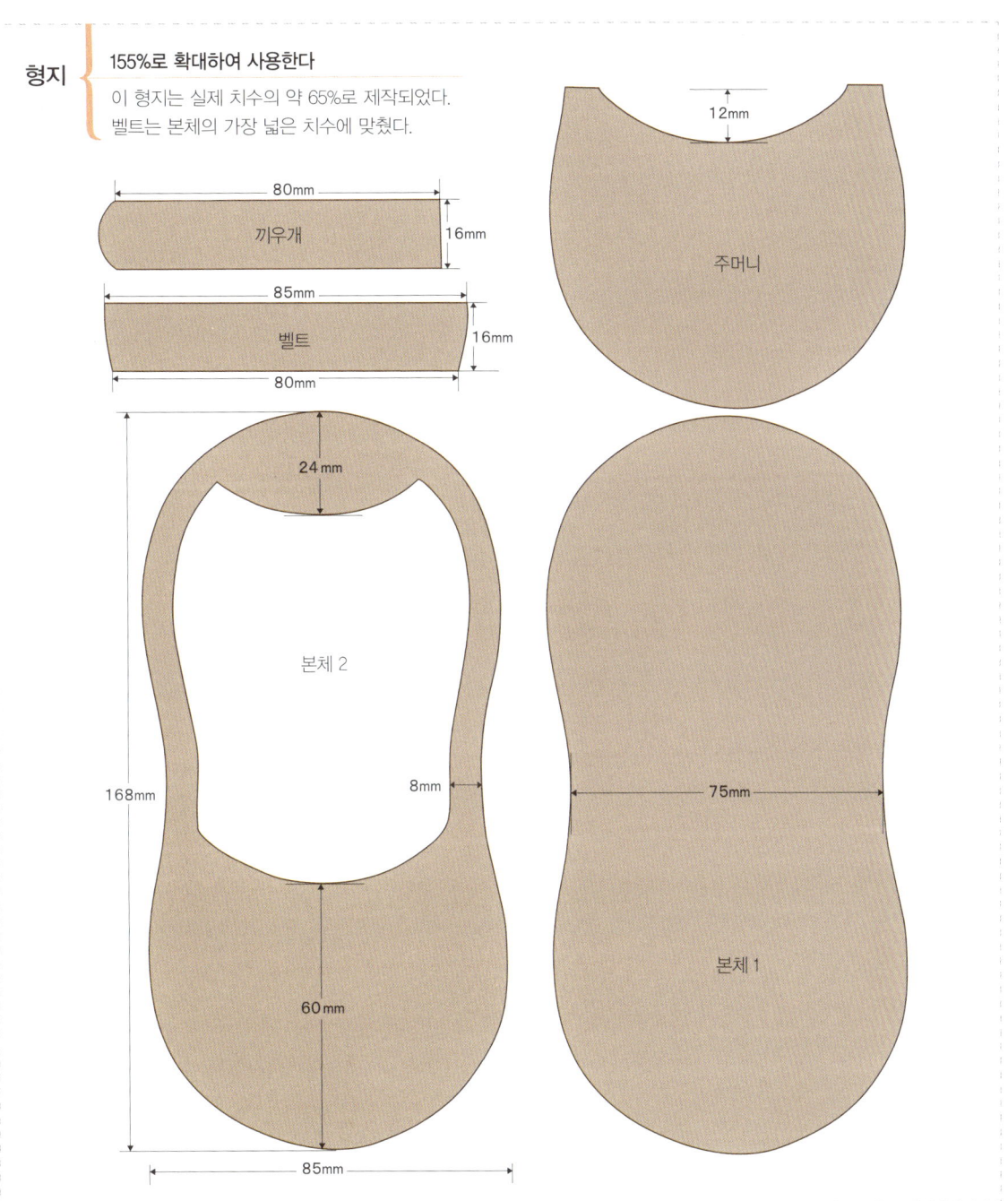

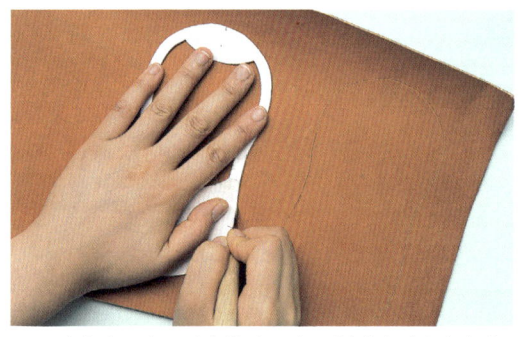

1 먼저 가죽의 표면에 형지를 대고, 형지가 밀려나지 않도록 단단히 누르면서 송곳으로 선을 긋는다.

2 선과 커터 날이 몸과 수직을 이루도록 한 뒤 가죽을 움직이며 재단한다.

POINT

3 흰 선은 보조선을 긋는 위치이며, 빨간 선은 꿰매고 나면 다듬을 수 없는 부분으로 꿰매기 전에 측면 다듬기를 해야 하는 위치이다. 그리고 노란색이 커터칼로 가죽을 깎아내는 부분이다. 가죽을 깎아내 두께를 줄이면 바느질을 쉽게 할 수 있고 작품의 완성도가 높아진다.

4 끼우개의 안으로 패인 변과 벨트의 양끝을 커터칼로 비스듬하게 깎는다. 커터칼은 자기 앞으로 당기면서 옆으로 움직인다.

5 실을 꿰맬 부분만 얇으면 되므로 끝에서 6mm 정도만 얇게 깎는다.

처음 시작하는 가죽공예

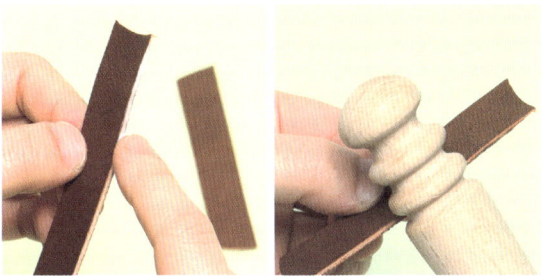
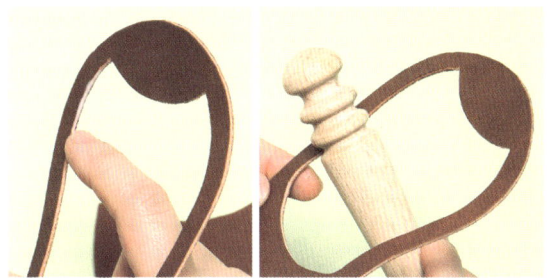

6 이어서 빨간 선으로 표시한 끼우개와 벨트의 측면을 다듬는다. 물을 묻힌 뒤 토코놀을 펴 바르고, 프레스 슬리커로 누른다.

7 마찬가지로 본체 2의 가죽을 도려낸 안쪽도 물을 묻힌 뒤에 토코놀을 얇게 바르고 프레스 슬리커로 다듬는다.

8 스티칭 그루버를 4mm로 조정하고 보조선을 긋는다. 곡선 부분은 재단할 때와 마찬가지로 가죽을 돌리면서 날 끝이 자신의 몸과 수직이 되게 하면 선을 긋기 쉽다.

POINT

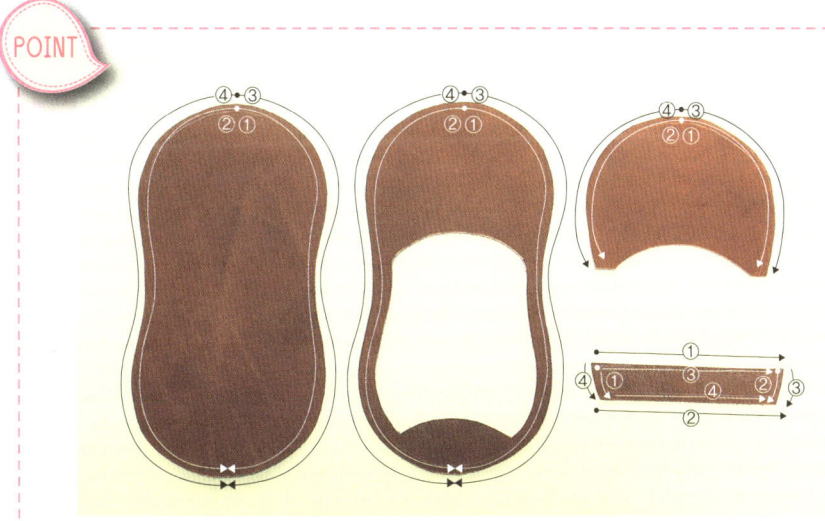

9 목타를 치는 순서와 바느질하는 순서를 확인한다. 흰 선은 목타를 칠 순서로, 상단의 중앙을 기점으로 좌우로 구멍을 내간다. 본체 1, 2와 주머니는 함께 꿰매야 하므로 형지를 참고해 기점을 정확히 맞춰야 한다. 검은 선이 바느질을 하는 순서로 목타를 치는 순서와 같다. 또 벨트는 본체의 좌우 길이가 가장 긴 곳에 붙여 꿰맨다.

10 형지를 대고 송곳으로 기점을 표시한다. 기점을 정했다면 순서대로 다이아몬드 목타를 쳐내려간다. 곡선 부분은 2날 목타로 친다.

11 마찬가지로 본체 2와 주머니에도 기점을 표시하고, 순서대로 2날 다이아몬드 목타로 바느질 구멍을 뚫는다.

12 주머니와 끼우개에도 목타를 친다. 끼우개의 안으로 패인 부분에 조심스레 구멍 세 개를 뚫는다. 가운데 구멍에 본체 1, 2와 주머니의 기점을 맞춰서 실을 꿰매도록 설계되어 있다.

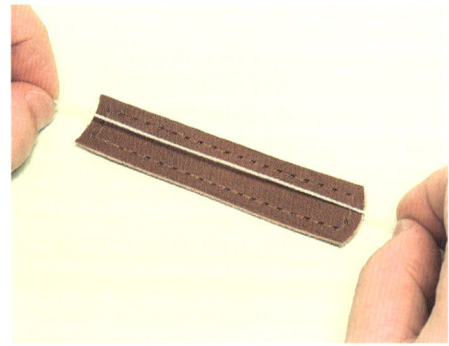

13 바느질 구멍을 모두 뚫었다면, 끼우개와 벨트에서 다른 조각과 같이 꿰매지 않는 부분을 꿰맨다.

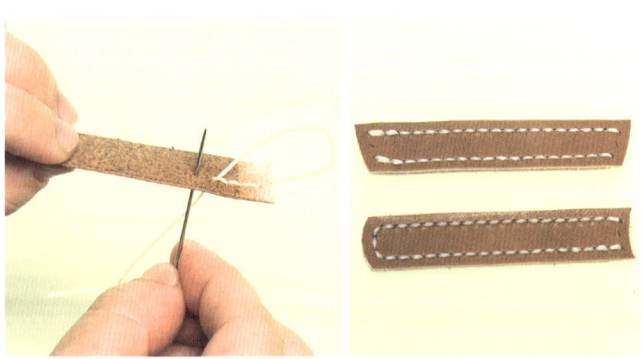

14 각각 3~4배의 길이로 실을 준비해서 오른쪽 사진과 같이 벨트의 짧은 좌우 변과 끼우개의 깎아낸 부분을 남기고 꿰맨다.

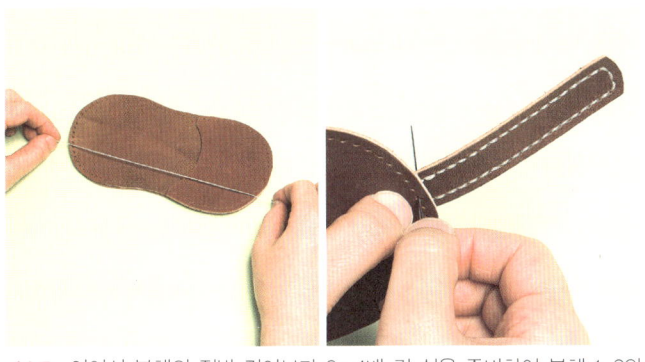

15 이어서 본체의 절반 길이보다 3~4배 긴 실을 준비하여 본체 1, 2와 주머니의 기점, 그리고 끼우개의 가운데 구멍을 맞춰서 꿰맨다.

16 기점이 정해지면 사진 9의 화살표를 따라, 안쪽에서 봤을 때 오른쪽 반절을 꿰맨다.

17 본체의 좌우 폭이 가장 긴 부분에 이르면 벨트를 대고 본체와 함께 꿰맨다.

18 남은 반절도 꿰맨다. 벨트가 비뚤어지지 않도록 좌우의 구멍 위치에 주의하여 평행을 이루도록 꿰맨다.

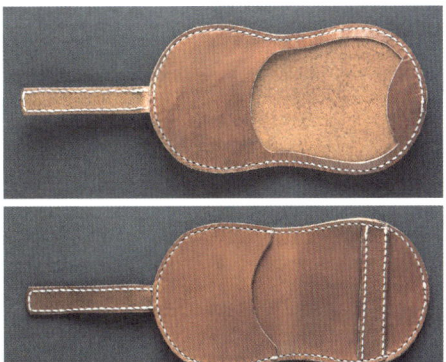

19 다 꿰맸다면 실이 풀리지 않도록 두 땀 정도 박음질을 하고, 라이터로 자른 실을 녹여서 고정시킨다.

20 마지막으로 측면 다듬기를 끝내면 가죽과 실만으로 안팎에 주머니가 있는 동전지갑이 완성된다. 끼우개 대신 단추를 달거나 똑딱단추를 다는 식으로 응용할 수 있다.

카드지갑

CARD CASE

측면 처리를 정확하게 한다

카드지갑은 반으로 접은 가죽을 포함해 네 장이나 포개기 때문에 안쪽이 제법 두꺼워진다. 이때는 양면 모두 가장자리를 깎아낸 뒤, 시간을 들여 정성스럽게 측면을 다듬으면 깔끔하게 완성된다.

측면은 시간을 들여서 정성껏 다듬으면 다듬을수록 깔끔하게 완성된다. 이 때문에 가죽공예에서 측면은 만드는 사람의 마음을 투영하는 거울과 같다고 말한다. 이 작품은 반으로 접은 칸막이 조각을 포함해 네 장의 가죽을 포개기 때문에 완성된 작품은 5mm 정도로 두툼하다. 이처럼 두툼한 작품은 측면을 다듬는 작업을 익히는 데 아주 좋다. 또 조각 2의 중앙에 있는 원은 컴퍼스로 그린 뒤 커터칼로 잘라내는데 곡선 자르기를 응용하여 원을 자르는 것에도 도전해본다.

조각 1, 2는 정확하게 같은 크기로 잘라야 한다. 칸막이 조각은 뒷면끼리 붙여야 하므로 다소 얇은 가죽을 사용하면 좋다.

형지

165%로 확대하여 사용한다

정기권을 비롯해 카드를 넣을 수 있는 크기로 제작되었다. 왼쪽의 칸막이 조각은 반으로 접어서 오른쪽의 조각 1, 2 사이에 넣고 꿰맨다. 조각 1과 2의 중앙을 원과 직사각형으로 도려내는데, 본인이 쓰기 편하게 변형해도 상관없다.

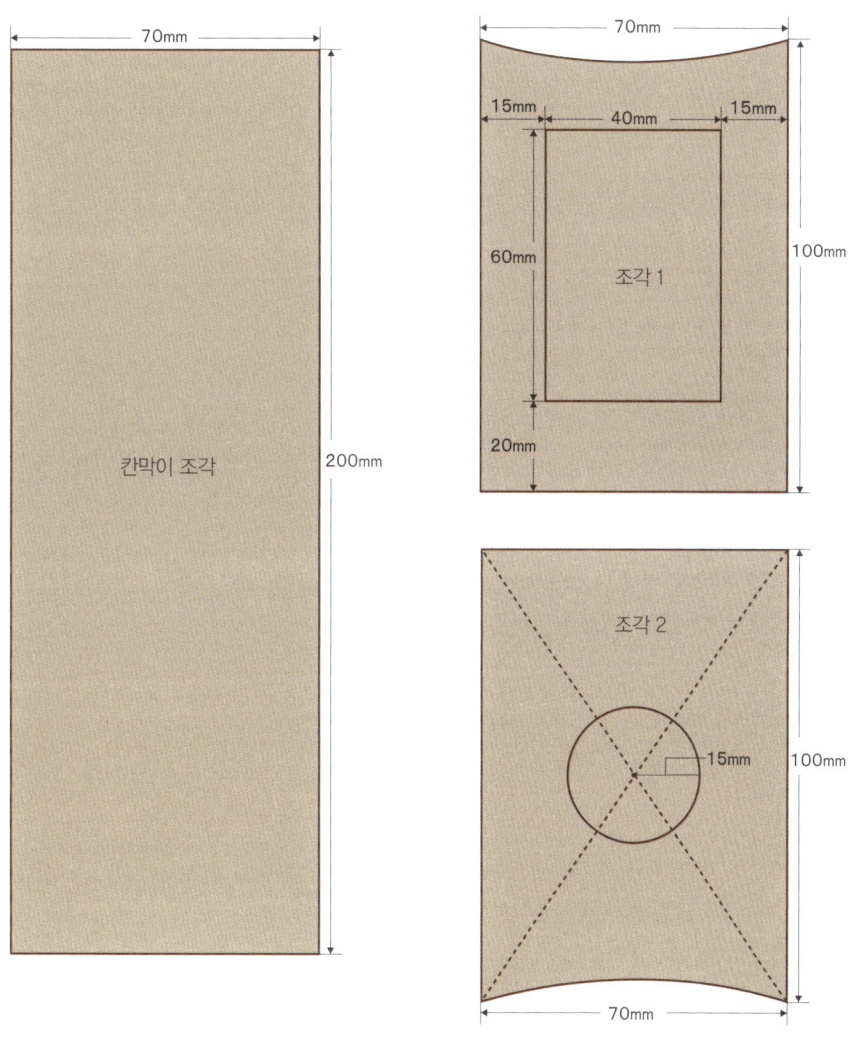

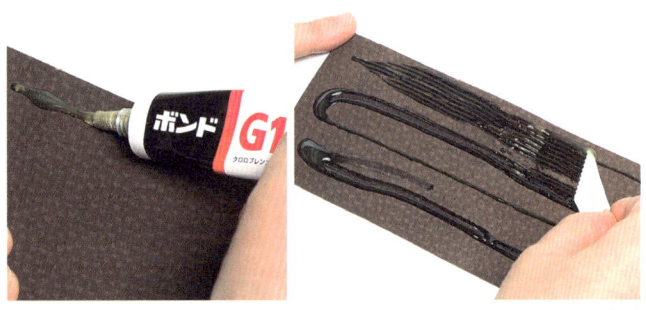

1. 칸막이 조각의 뒷면에 본드를 짠 뒤 본드주걱 등으로 얇고 고르게 펴 바른다.

2. 바로 접지 말고 본드가 살짝 마르면 끝을 맞춰서 반으로 접는다.

3. 손으로 꾹꾹 누른 뒤 나무망치 등으로 두드려 제대로 압착시킨다.

4. 흰 선은 보조선을 긋는 위치이며, 검은 선은 목타를 칠 기점과 방향, 순서를 나타낸다. 목타 구멍이 맞지 않으면 제대로 바느질을 할 수 없으니 주의한다. 또 빨간 선은 바느질을 하기 전에 측면 다듬기를 할 부분이다.

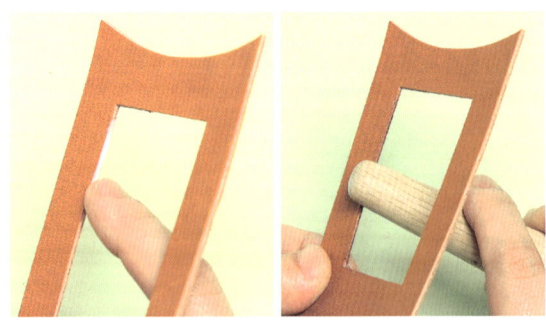
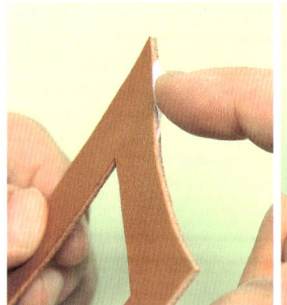

5. 가죽을 꿰매고 나면 측면 다듬기가 불가능하므로, 물을 묻힌 뒤 조각 1의 안쪽에 토코놀을 바르고 프레스 슬리커로 문지른다.

6. 마찬가지로 조각 1의 상단과 조각 2의 안쪽도 사진 4를 참고하여 사전에 측면 다듬기를 한다.

7 측면 다듬기가 끝나면 사진 4를 참고하여 모든 조각에 보조선을 긋는다. 스티칭 그루버는 4mm로 맞춘다. 안의 곡선 부분은 꿰매지 않는다.

8 각 조각에 바느질 구멍을 낸다. 4날 다이아몬드 목타로 선 ①을 따라 구멍을 내며, 마지막에는 2날 다이아몬드 목타로 간격을 조절한다.

9 기점에 주의하면서 선 ②에도 목타를 친다. 여기는 같은 간격으로 구멍을 뚫을 수 있다.

10 선 ③에 구멍을 뚫는다. 이곳도 같은 간격으로 구멍을 뚫을 수 있도록 설계했으나, 만약 맞지 않는 경우에는 송곳으로 조절한다.

11 조각 1과 2는 크기가 같으므로 바느질 구멍이 일치할 테지만, 만약을 위해 옆에 두고 확인하면서 구멍을 뚫는다.

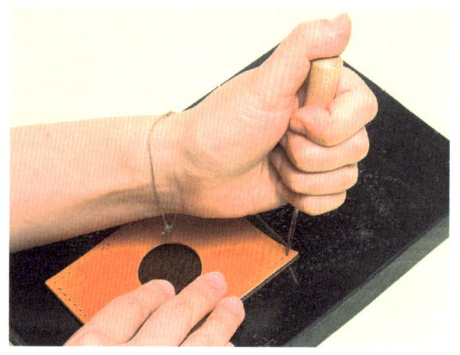

12 칸막이 조각의 기점은 표시하기 힘들므로, 조각 1과 2를 겹친 뒤 송곳을 찔러 표시한다.

13 다이아몬드 목타의 날 끝에 보이는 작은 점이 송곳으로 표시한 부분이다. 표시를 참고하여 보조선 위에 구멍을 뚫는다.

14 칸막이 조각도 마찬가지로 조각 1이나 2를 옆에 두고 눈으로 꼼꼼히 확인하면서 뚫는다.

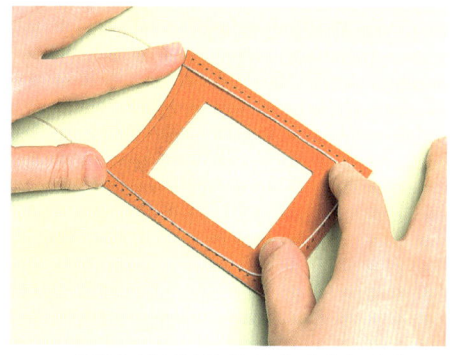

15 구멍을 낸 부분을 한 번에 꿰맨다. 꿰맬 부분보다 3~4배 긴 실을 준비한다.

16 각 기점에 실을 넣었다면 오른쪽 그림을 참고하여 모서리에 실을 한 번 걸고서 꿰매기 시작한다.

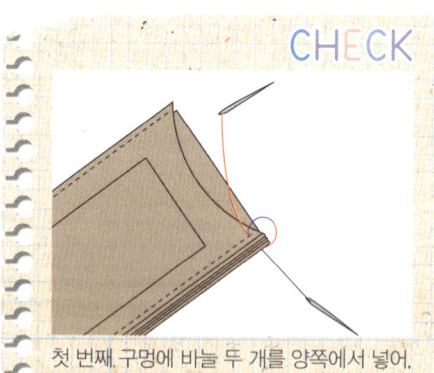

CHECK

첫 번째, 구멍에 바늘 두 개를 양쪽에서 넣어, 원을 모서리에 걸쳐서 꿰매는 것을 '걸어서' 꿰맨다고 한다.

처음 시작하는 가죽공예

17 좌우로 실을 강하게 잡아당겨서 모서리에 건 실이 느슨해지지 않도록 단단히 죈다.

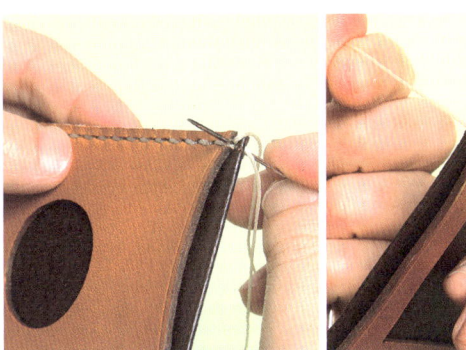

18 그대로 바느질 구멍을 따라 꿰맨다. 마지막은 시작할 때와 마찬가지로 모서리에 실을 걸어서 단단히 죈다.

19 2~3mm를 남겨두고 가위로 실을 잘라낸 뒤 라이터로 실을 녹여 바느질을 마무리한다.

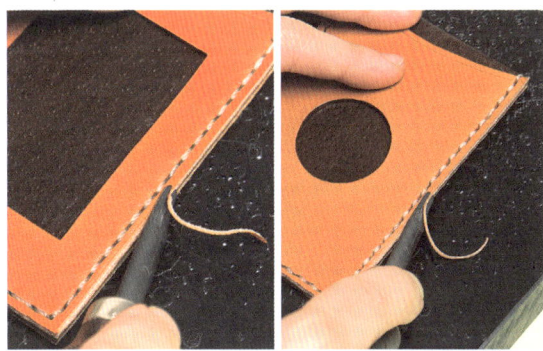

20 가죽이 겹쳐진 단면을 커터칼로 정리한 뒤 엣지 비벨러를 이용해 입구를 제외한 세 변의 가장자리를 양면 모두 깎는다.

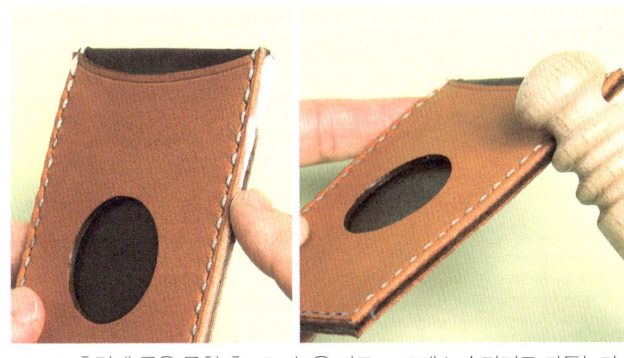

21 측면에 물을 묻힌 후, 토코놀을 바르고 프레스 슬리커로 다듬는다. 도포와 다듬기를 2, 3회 반복하면 깔끔하게 완성된다.

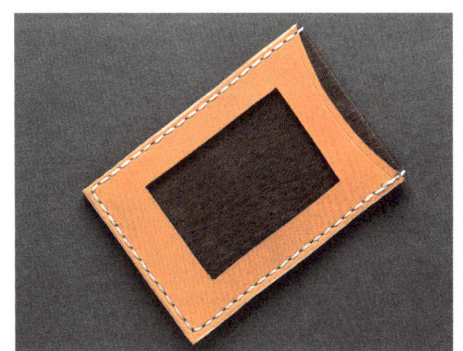

22 측면은 색을 입힐 수도 있다. 또 자신의 취향에 맞춰 가죽의 종류나 형태를 바꿔도 좋다.

장지갑
LONG WALLET

복잡한 디자인에 도전한다

지갑은 복잡해서 만들기 어렵다? 그러나 간단한 지갑이라면 특별한 도구나 기법 없이 손바느질만으로도 충분히 만들 수 있다.

가죽공예를 즐기는 사람이라면 누구나 한 번쯤은 지갑을 만들고 싶어 할 것이다. 초보자들은 지갑이 상급자용 작품이라고 생각할 수도 있으나 모양에 따라서는 초보자도 손바느질만으로 멋진 지갑을 만들 수 있다. 여기서 설명하는 작품은 주머니가 될 조각들을 퍼즐처럼 조합해서, 카드를 수납할 공간이 12곳이나 된다. 동전 주머니는 없지만, 카드와 지폐 지갑으로는 충분하다. 단지 이처럼 복잡한 디자인에서는 각 조각을 치수에 맞춰 정확히 자르는 기술이 필수적이다.

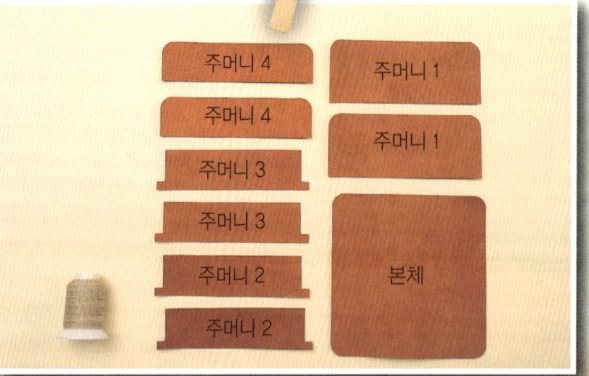

가로세로 200mm의 본체에 맞춰 각각 200mm 폭의 주머니를 준비한다. 주머니 조각은 1에서 4를 순서대로 본체와 함께 꿰맨다.

형지

250%로 확대하여 사용한다

본체의 폭에 맞춰 주머니 사이즈는 전부 200mm이며, 주머니 2·3은 사이즈가 동일한 것이 네 장 필요하다. 이 사이즈라면 현금카드 두 장을 나란히 넣을 수 있다. 주머니 수를 줄이려면 주머니 1의 80mm를 줄이고 주머니 2·3의 개수를 뺀다.

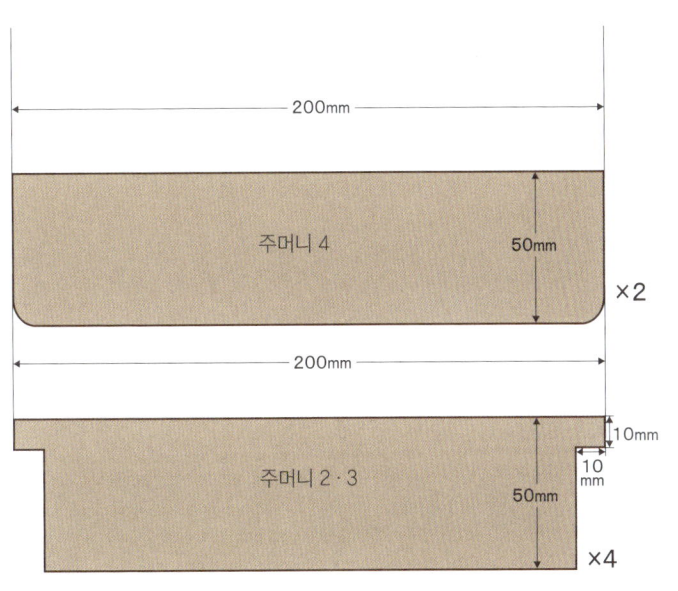

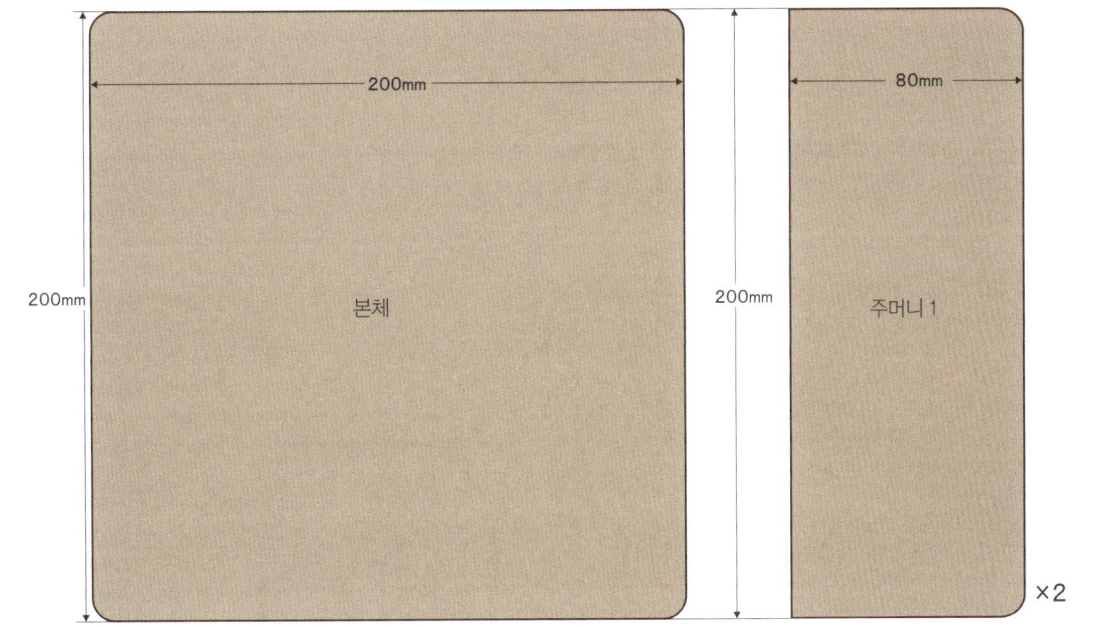

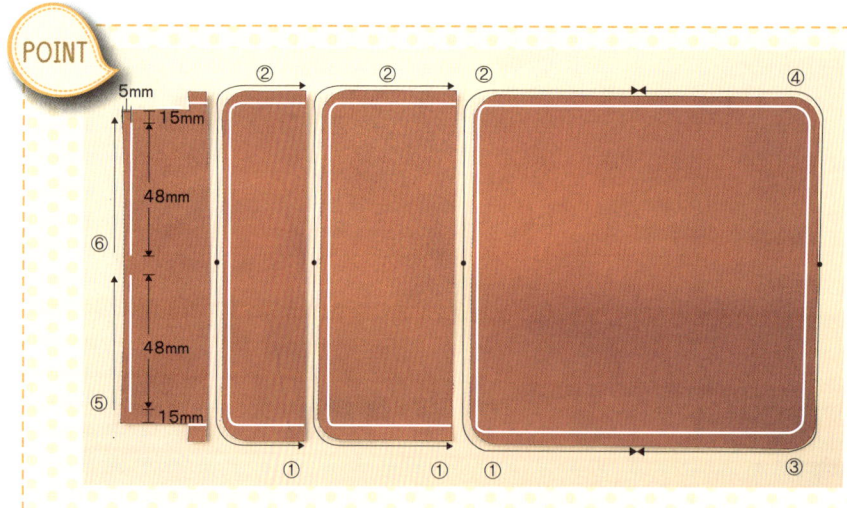

1

보조선을 그을 곳과 구멍을 뚫을 위치를 확인한다. 조각을 복잡하게 짜 맞출 때는 구멍 위치를 정확히 맞춰야 한다. 본체는 좌우의 중심이 되는 100mm 지점을 기점으로 삼고 1/4씩 구멍을 뚫어나간다. 이어서 주머니 1과 4도 100mm 위치를 기점으로 삼고 사진을 따라 구멍을 뚫는다. 주머니 2·3은 꿰맬 때 따로 자세히 설명한다.

2

멀티 스티칭 그루버를 4mm로 맞춘다. 이 폭도 고려하여 설계했기 때문에 정확하게 맞추지 않으면 구멍 위치가 틀릴 수 있다.

3 사진 1에서 설명한 선에 맞춰 본체와 주머니 1~4에 각각 보조선을 긋는다.

4 이어서 본체와 주머니 1, 4의 바느질 기점이 되는 100mm 지점에 송곳으로 표시를 한다.

5 기점을 시작으로 목타를 친다. 곡선 부분에서는 2날 목타를 사용하고 전체의 1/4까지 쳐나간다.

6 같은 기점에서 반대 반향으로도 구멍을 뚫는다. 전체의 반에 구멍을 뚫었다면, 반대쪽 시작점에서도 구멍을 뚫는다.

CHECK

각 바느질 구멍이 만나기 직전에 목타를 대보고, 구멍 간격이 동일한지 확인한다.

7 주머니 1과 4도 사진 1을 참고해 각 100mm 위치부터 목타를 친다.

 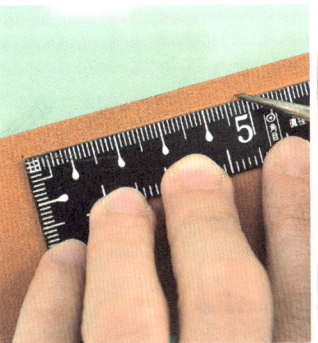 

8 주머니 2와 3은 멀티 스티칭 그루버를 5mm로 맞추고 사진의 위치에 보조선을 긋는다.

9 좌우 끝에서 각각 15mm와 15mm에서 48mm를 잰 곳에 송곳으로 표시를 한다. 그리고 이 표시 사이에 목타를 친다.

10 바느질을 시작하기 전에 측면 처리를 하기 위해, 주머니 1~4의 입구 부분 테두리를 엣지 비벨러로 깎는다.

11 측면에 물을 묻히고 토코놀을 바른 후 프레스 슬리커로 다듬는다.

12 주머니 1에서 10mm 떨어진 곳에 주머니 2를 포개고, 주머니 2의 구멍에 송곳을 찔러넣어 주머니 1에 표시를 낸다. 주머니 1에 표시된 점을 서로 이어서 보조선을 긋는다.

13 주머니 1에 새롭게 그은 보조선을 따라 다이아몬드 목타로 구멍을 뚫는다.

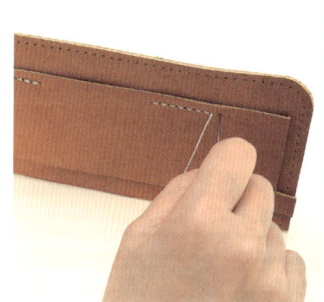

14 주머니 1과 2에 난 목타 구멍에 맞춰 48mm의 폭을 꿰맨다. 다 꿰맨 후에는 뒷면으로 실을 빼서 자른 뒤 녹여서 고정시킨다.

15 반대쪽도 48mm를 꿰매어 주머니 1과 2를 고정시킨다.

처음 시작하는 가죽공예

16 조금 전과 마찬가지로 주머니 3을 10mm 떨어진 곳에 포개고 구멍에 송곳을 찔러넣어 주머니 1의 표면에 표시를 낸다. 그 표시를 이어 보조선을 긋는다.

17 반대쪽도 송곳으로 표시를 내고 보조선을 긋는다. 여기서는 송곳과 자를 이용해 선을 그었다.

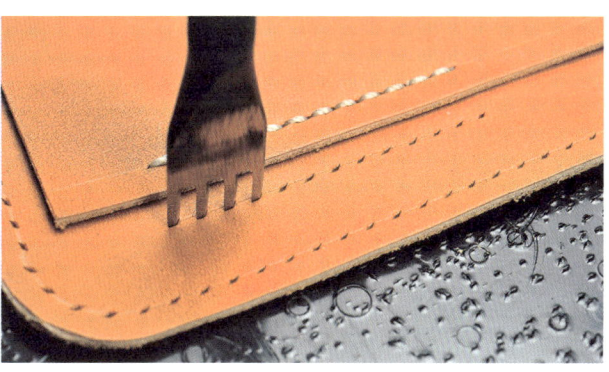

송곳으로 그은 보조선을 따라 구멍을 뚫고 꿰맨다. 이곳의 폭이 48mm인 이유는 목타 날의 폭이 4mm이기 때문이다. 이처럼 숙련된 전문가들은 목타의 폭이나 보조선을 가장자리에서 몇 mm 위치에 그을지도 고려하여, 바늘땀이 일정하게 나오도록 형지를 제작한다.

18

POINT

19 주머니 4를 꿰매기 위해 필요한 보조선과 목타를 칠 위치를 설명한다. 주머니 4의 좌우 변과 아랫변을 본체와 꿰매기 위해, 여기서는 사진처럼 중앙의 칸막이 선에 목타 구멍을 내고 꿰맨다.

20 먼저 정확히 중앙에 해당하는 100mm의 위치에 살짝 표시를 한 뒤, 가로 100mm와 윗변에서 5mm 가 만나는 위치에 확실한 표시를 한다.

21 아래쪽도 100mm 위치에 표시를 하고 사진 20에서 남긴 표시와 이어서 송곳으로 보조선을 긋는다.

22 주머니 4에는 가로 100mm와 밑에서 27mm의 위치에 송곳으로 표시를 낸다.

23 주머니 4를 주머니 1, 2, 3과 정확히 포갠다. 주머니 3과 10mm 떨어지면서, 아랫변은 주머니 1과 맞춘다.

 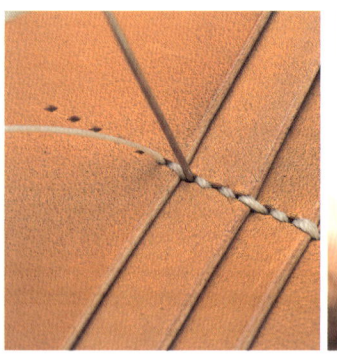

24 사진 21과 22에서 그은 보조선에 맞춰 위에서 5mm, 아래에서 27mm 사이에 구멍을 낸다.

25 조각이 겹치는 부분은 박음질을 하면서 네 장의 주머니를 꿰맨다. 네 장이 겹쳐져 바늘을 빼기 힘드므로 집게를 이용해 수직으로 잡아 뺀다.

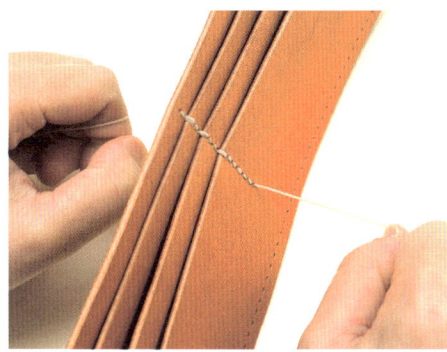

26 바느질이 끝나면 좌우에서 강하게 잡아당겨 튼튼하게 고정시킨 뒤 마무리한다.

27 네 장의 주머니를 꿰맨 후에 주머니 2, 3의 가장자리에 목타 구멍을 낸다. 주머니 1의 구멍을 기점으로 가볍게 목타 자국을 낸 뒤 송곳으로 한 땀씩 구멍을 뚫는다.

28 7에서 27까지의 공정을 반복하여, 본체에 붙일 주머니 조각을 두 개 준비한다.

29 본체와 주머니를 꿰매어 잇는다. 목타 구멍을 낼 때는 간격을 확인하기 위해 위아래의 각 기점에서 1/4씩 뚫었지만, 더 이상은 확인할 필요가 없으므로 이번에는 한 기점에서 1/2씩 꿰맨다. 실의 가닥수가 줄어들면 실을 매듭지을 부분도 줄어들기 때문에 깔끔하게 완성된다.

30 사진 29에서 표시한 기점에 바늘을 넣고 꿰매기 시작한다. 가죽이 세 장이나 겹쳐져 있기 때문에 집게를 이용하면 편하다.

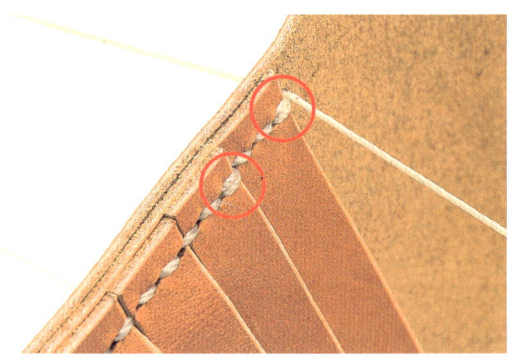

31 주머니가 연결되는 부분은 큰 힘이 들어가므로, 주머니 1과 2에만 박음질을 한다.

32 반대쪽 주머니의 연결 부분도 박음질을 하고, 사진 29에서 말했듯이 1/2의 길이만큼 꿰맨다.

33 두 땀 정도 박음질을 했다면 지갑 안쪽으로 실을 내서 마무리한다. 반대쪽도 마찬가지로 작업한다.

34 바느질이 전부 끝나면 마지막으로 측면 처리를 한다. 엣지 비벨러를 이용하여 테두리를 전부 깎아낸다.

35 가죽이 여러 장 겹쳐져 있는 부분은 지저분해보이지 않도록 한 장씩 조심스럽게 테두리를 깎아낸다.

36 가죽을 여러 번 덧댔기 때문에 측면에 층이 생기는 경우도 있다. 커터칼이나 사포를 이용해 정리한다.

37 사포를 사용하면 측면은 거칠어지지만 층이 사라진다. 이어서 거칠어진 부분을 다듬는다.

38 물을 묻힌 후 토코놀을 얇게 펴 바른다. 토코놀이 가죽 표면에 닿지 않도록 주의한다.

39 프레스 슬리커로 정성스럽게 문지른다. 지갑은 확실하게 다듬지 않으면 측면 처리 상태가 더 눈에 띈다.

40 손바느질만으로 멋진 장지갑이 완성되었다. 이 기본 과정을 익혀두면 지퍼나 똑딱단추가 달린 지갑도 바로 만들 수 있다.

토트백

TOTE BAG

큰 작품을 만든다

지금까지 만든 작품은 모두 소품. 그러나 토트백과 같은 커다란 작품도 꿰매는 길이만 길 뿐, 디자인에 따라서는 지금까지와 마찬가지로 손바느질만으로도 충분히 만들 수 있다.

초보자들은 토트백과 같은 큰 작품을 멀리하는 경향이 있다. 그러나 여러분이 평소 들고 다니는 가방을 살펴보면 지퍼나 버튼만 더 달렸지 의외로 간단한 구조를 하고 있다. 가방의 기본 구조를 이해하고 응용하면 더 실용적인 가방도 만들 수 있다. 일단 그 첫걸음으로, 숙련자라도 꼬박 이틀은 걸리는 긴 길이를 꿰맬 수 있는 끈기와, 정확하고 튼튼한 바느질 기술을 익히자.

몸통의 안가죽은 주머니, 사각링 가죽과 같이 꿰매어 내구성을 높이고 깔끔하게 완성한다. 손잡이의 안가죽은 손잡이보다 짧게 재단한다.

형지 | **500%로 확대해서 사용한다**

이 형지는 전부 실제 치수의 1/5로 제작되었다. 몸통과 몸통의 안가죽은 폭이 같고, 손잡이는 손잡이의 안가죽보다 70mm가 길다. 또 이 디자인은 몸통끼리 봉합하도록 되어 있으므로 시접에 해당하는 부분은 필요 없다.

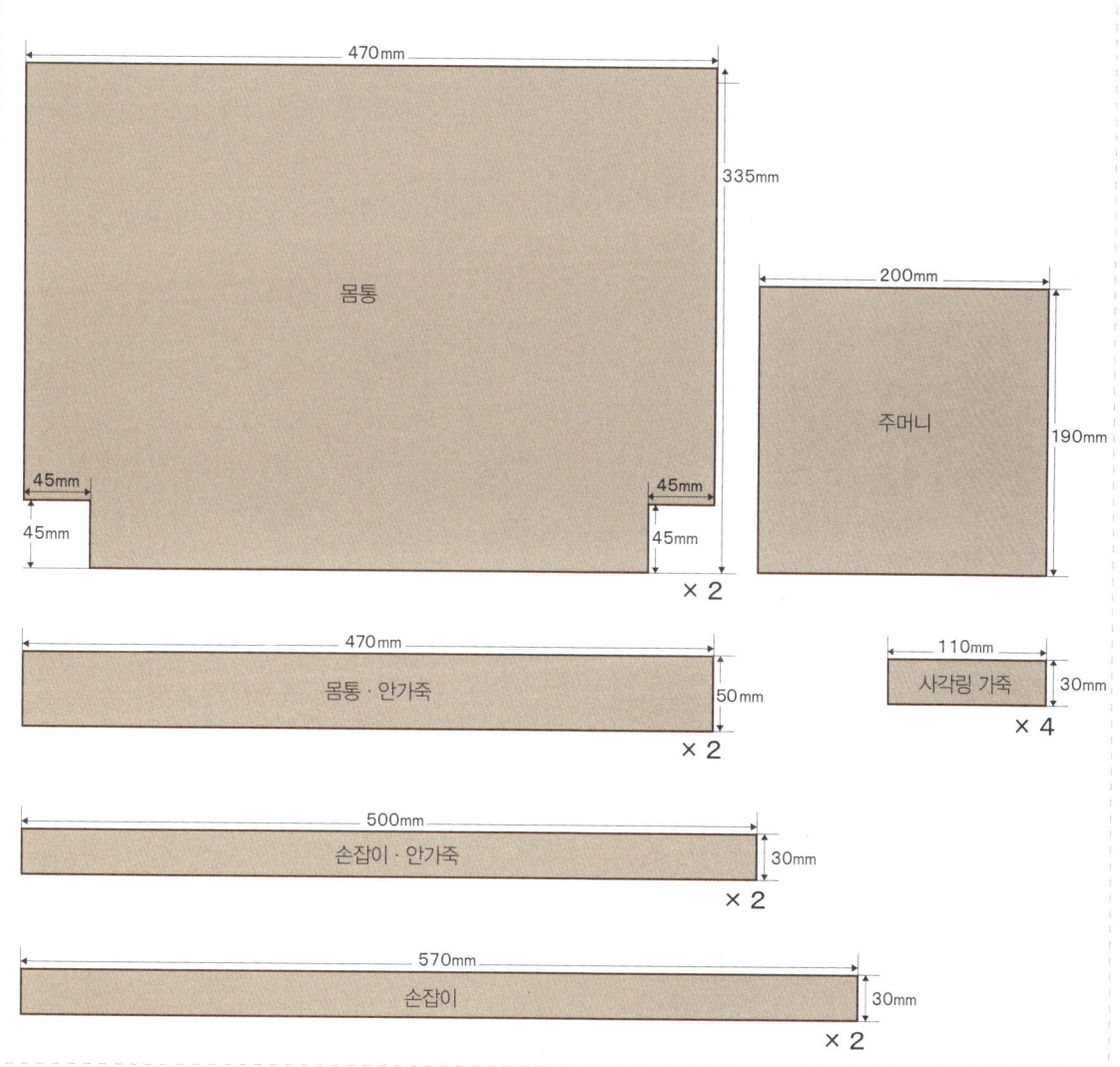

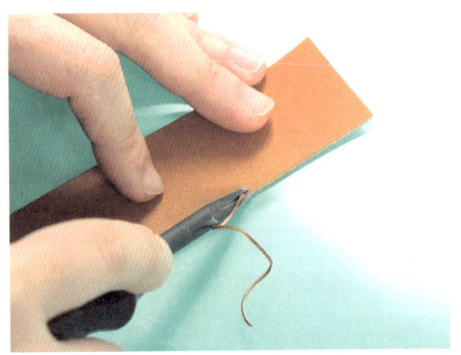

1. 먼저 사각링 가죽을 준비한다. 사각링 가죽의 모든 테두리를 엣지 비벨러로 깎아낸다.

2. 테두리를 깎은 부분에 물을 묻힌 뒤 토코놀을 얇게 바르고, 프레스 슬리커로 다듬는다.

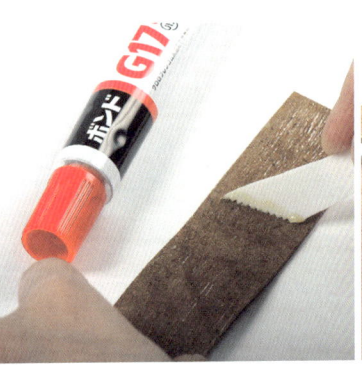
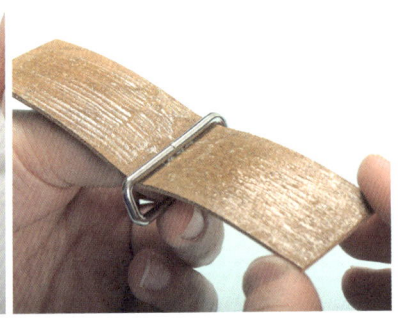

3. 이어서 뒷면 전체에 본드를 얇게 펴 바르고 본드가 마르기 시작하면 사각링을 끼운다.

4. 끝을 맞춰서 반으로 접고 단단히 붙인다. 같은 방법으로 4개를 준비한다.

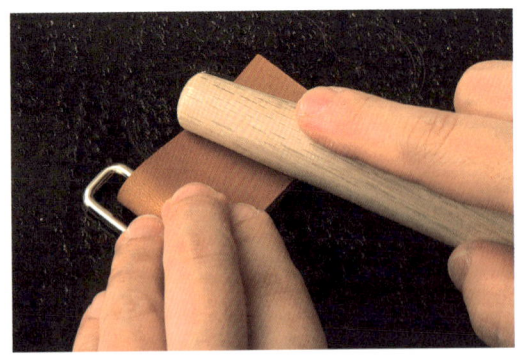
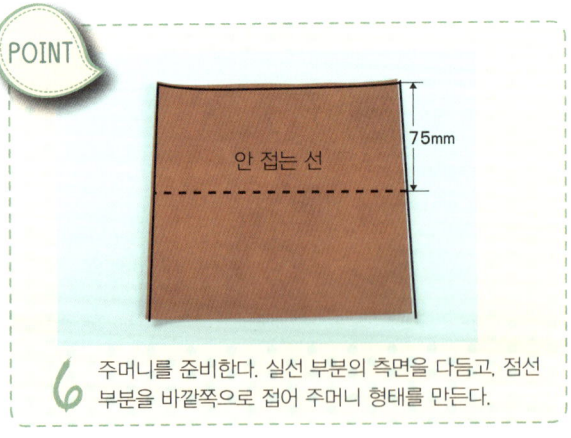

POINT

75mm

안 접는 선

5. 붙인 가죽이 떨어지지 않도록 고무판 위에 두고 프레스 슬리커로 문질러주면 더욱 좋다.

6. 주머니를 준비한다. 실선 부분의 측면을 다듬고, 점선 부분을 바깥쪽으로 접어 주머니 형태를 만든다.

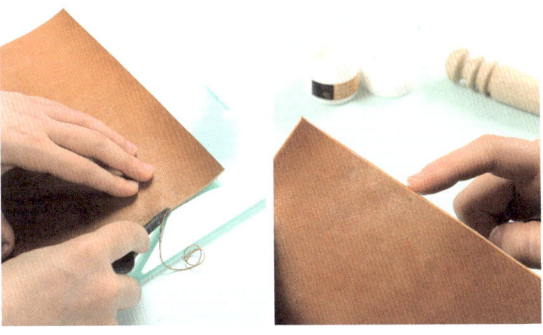

7 사각링 가죽과 마찬가지로 엣지 비벨러로 테두리를 깎아내고, 물과 토코놀을 바른 후 프레스 슬리커로 꼼꼼히 다듬는다.

8 형지를 이용해 75mm 위치에 송곳으로 표시를 하고, 자를 대고 가장자리에서 75mm 되는 곳에 평행선을 긋는다.

9 선을 참고하여 가죽을 접고, 나무망치로 두드려 접힌 자국을 남긴다.

10 한 번 펼쳐서 뒷면의 접힌 부분에서 가장자리까지 양면테이프를 붙인 뒤 다시 접고 나무망치로 두드린다. 이때 가죽에 흠집이 나지 않도록 새 나무망치나 나무망치 가운데로 두드린다.

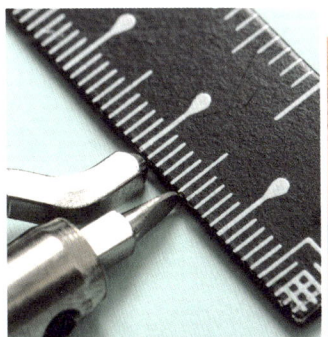

11 멀티 스티칭 그루버를 3mm로 맞추고 보조선을 긋는다. 보조선을 그을 위치는 오른쪽의 포인트를 참고한다.

12 양쪽 끝에서 3mm, 오른쪽에서 75mm 되는 위치에 각각 선을 긋고 화살표를 따라 목타 구멍을 뚫는다.

POINT

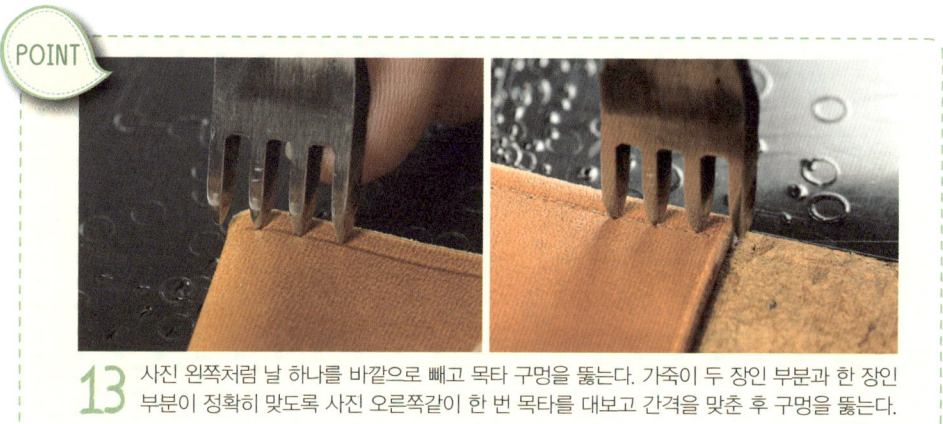

13 사진 왼쪽처럼 날 하나를 바깥으로 빼고 목타 구멍을 뚫는다. 가죽이 두 장인 부분과 한 장인 부분이 정확히 맞도록 사진 오른쪽같이 한 번 목타를 대보고 간격을 맞춘 후 구멍을 뚫는다.

14 사진 12를 참고하여 선 ①~③을 따라 목타 구멍을 뚫는다. 가죽이 두 장 겹쳐진 부분에서 지나치게 강하게 치면 첫 번째 가죽의 구멍이 커지므로 가볍게 치도록 주의한다.

POINT

15 바느질을 하는 순서는 목타 구멍을 내는 순서와 같다. 세 가닥 실로 주머니 두 개가 완성된다.

16 꿰맬 길이보다 3~4배 긴 실을 준비한다. 처음 준비한 실에 맞춰 나머지 두 가닥 실을 준비해두면 편하다.

처음 시작하는 가죽공예

17 실을 꿰맬 때는 66쪽에서 카드지갑을 만들 때 설명했듯이, 실을 가장자리에 한 번 건 후에 꿰매기 시작한다.

18 새들스티치로 꿰매며, 가죽이 겹치는 경계 부분에서는 한 땀 박음질을 하여 튼튼하게 한다.

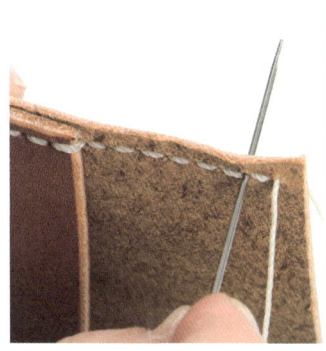 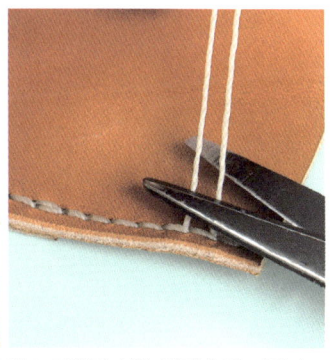 

19 마지막은 두 땀 정도 박음질을 하고 가위로 실을 잘라낸 뒤 라이터로 녹여 고정시킨다.

20 사진 15에서 설명한 대로 세 곳을 꿰매면 주머니 준비는 끝.

POINT

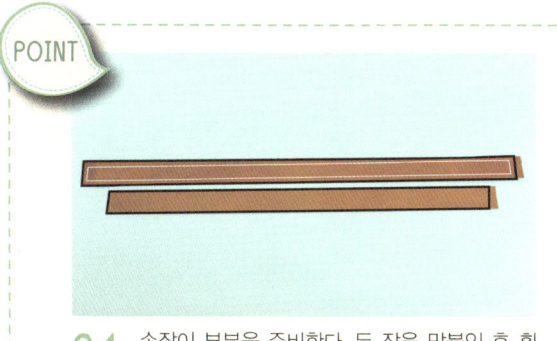 

21 손잡이 부분을 준비한다. 두 장을 맞붙인 후 흰 선을 따라 보조선을 긋고 검은 선을 따라 측면 처리를 한다.

22 손잡이와 안가죽 가운데에 송곳으로 표시하고, 손잡이 양끝에서 35mm 되는 곳에 평행선을 긋는다.

23 손잡이 양끝에 각각 35mm를 남겨두고, 손잡이와 손잡이 안가죽의 뒷면에 본드를 바른다.

24 좌우 간격이 맞도록 사진 22에서 남긴 표시를 기준으로 가운데부터 붙여나간다. 손으로 붙일 때 손잡이를 바깥쪽으로 하여 활 모양을 만들며 붙여야 나중에 가죽이 울지 않고 제대로 모양이 잡힌다.

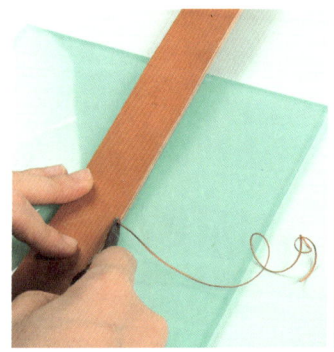

25 손잡이가 바깥쪽으로 휘도록, 손잡이의 안가죽 위에서 프레스 슬리커를 굴리며 강하게 밀착시킨다.

26 두 조각을 맞붙였다면, 엣지 비벨러로 테두리를 깎아내고 멀티 스티칭 그루버를 사용해 사진 21대로 3mm 폭의 보조선을 긋는다.

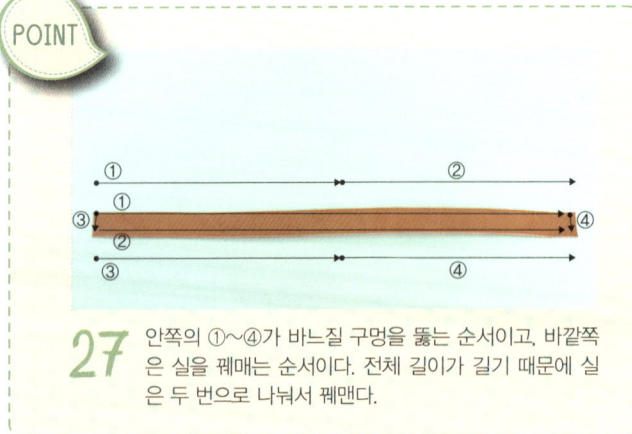

POINT

27 안쪽의 ①~④가 바느질 구멍을 뚫는 순서이고, 바깥쪽은 실을 꿰매는 순서이다. 전체 길이가 길기 때문에 실은 두 번으로 나눠서 꿰맨다.

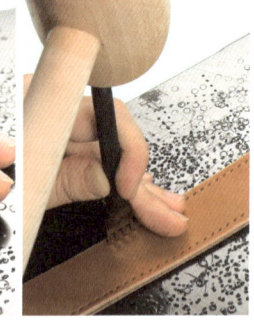

28 사진 27에서 표시한 선 ①, ②에 목타 구멍을 뚫는다. 두 장이 겹쳐져 있지만 지나치게 세게 치지 않도록 주의한다.

29 이어서 선 ③, ④에도 목타 구멍을 뚫는다. 손잡이 부분은 구멍 간격이 일정하도록 설계되었다.

30 실제 달 때를 생각하며 바늘을 넣어 사각링을 달 위치를 확인한다.

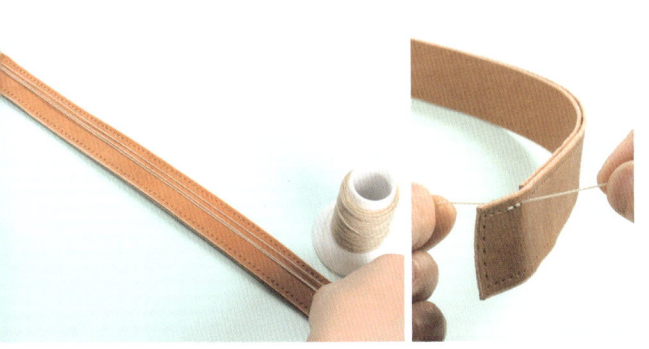

31 사각링은 가장 마지막에 달기 때문에, 그 부분의 시접을 남겨둔다. 여기서는 끝에서 네 땀 떨어진 부분부터 꿰맨다.

32 정확히 가운데까지 꿰매면 두 땀 정도 바늘을 되돌린 뒤, 실을 가위로 잘라서 라이터로 녹여 고정시킨다.

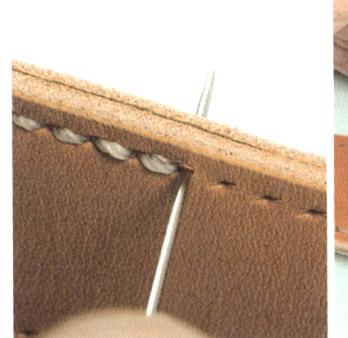

33 실이 마지막으로 지나간 구멍에 바늘을 넣고 선 ②를 꿰맨다. 끝에서도 구멍 세 개를 남겨두고 바느질을 마무리한다.

34 선 ③, ④도 꿰맨다. 22~33의 과정을 반복하여 나머지 손잡이도 준비한다.

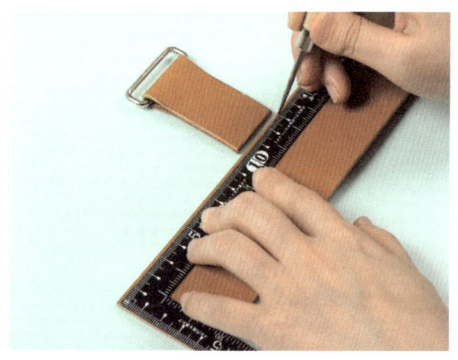

35 몸통 안가죽의 양끝에서 130mm 위치에 표시를 한다. 사각링 가죽을 붙일 기준점이다.

36 이어서 양끝에서 각각 135mm의 위치에도 표시를 한다. 이곳은 주머니를 붙일 기준점이다.

37 주머니 위에서 5mm 위치와 몸통의 뒷면 위에서 47mm 위치에 볼펜으로 평행선을 긋는다.

38 몸통 위에서 47mm까지와 몸통 안가죽 전체, 그리고 주머니의 위에서 5mm까지와 사각링 가죽의 사각링 바로 밑까지 본드를 칠한다.

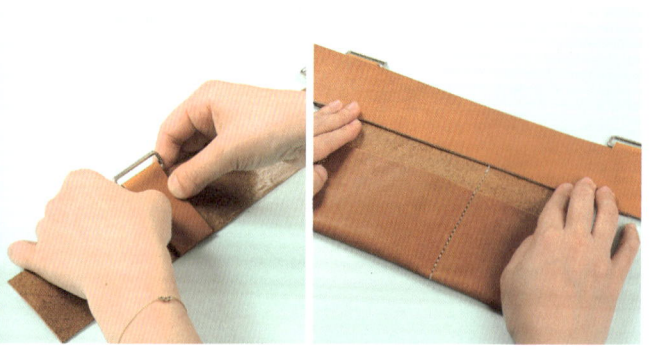

39 본드가 마르기 시작하면 조금 전 남긴 표시를 보면서, 사각링 가죽과 주머니를 각각 몸통의 안가죽에 붙인다.

40 39에서 붙인 조각을 몸통에 붙이고, 나무망치나 프레스 슬리커를 이용하여 단단히 압착시킨다.

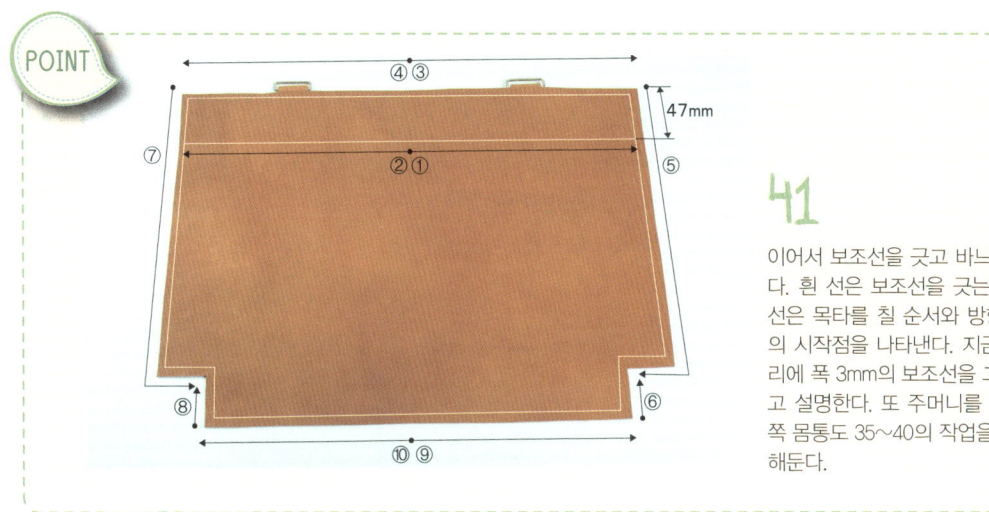

41

이어서 보조선을 긋고 바느질 구멍을 뚫는다. 흰 선은 보조선을 긋는 위치이고 검은 선은 목타를 칠 순서와 방향, 그리고 각각의 시작점을 나타낸다. 지금부터는 가장자리에 폭 3mm의 보조선을 그었다고 가정하고 설명한다. 또 주머니를 달지 않는 반대쪽 몸통도 35~40의 작업을 참고하여 준비해둔다.

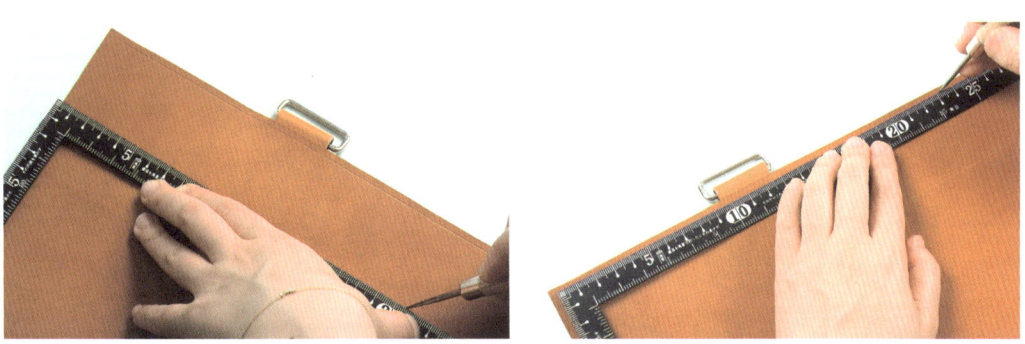

42

몸통의 윗변에서 47mm 위치에 송곳을 이용하여 평행선을 긋고. 몸통의 정중앙에 해당하는 235mm의 위치에 송곳으로 표시를 한다. 이 표시는 위아래 모두 보조선 위에 남긴다.

43

42단계에서 남긴 표시에 목타 날을 대고 이곳을 기점으로 목타 구멍을 뚫는다.

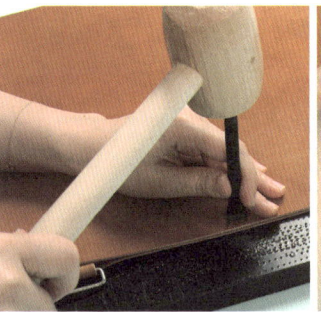

44

가죽이 3~4장 겹쳐 있어 두꺼운 부분은 구멍이 커질 수 있으므로 무리해서 뚫지 않는다. 또 목타 날이 남는 경우는 2날 목타로 조정한다.

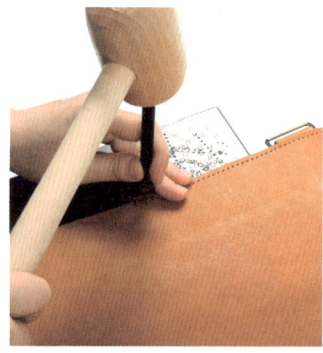  

45 마찬가지로 선 ②~④도 목타 구멍을 낸다. 이곳은 구멍 수가 딱 떨어진다.

46 안쪽을 보면 주머니와 사각링 가죽 주변은 가죽이 두꺼워 끝까지 뚫리지 않은 것을 알 수 있다.

47 뚫리지 않은 부분은 송곳을 세게 눌러서 하나씩 수작업으로 뚫는다.

48 송곳으로 뚫은 후의 안쪽 모습. 방금 전과 달리 끝까지 뚫린 것을 알 수 있다.

49 사진 41에서 설명한 선 ⑤에 목타 구멍을 뚫는다. 이곳도 구멍 수가 정확히 맞는다.

50 사진 41의 ⑥은 사진 왼쪽과 같이 선 ⑤의 모서리 부분과 같이 꿰매므로, 서로 구멍 수를 맞춘다.

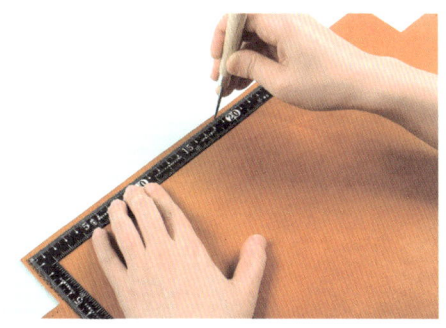

51 사진 41의 선 ⑦, ⑧에도 구멍을 뚫은 뒤, ⑨와 ⑩에 구멍을 뚫기 위해 아랫변의 중앙에 표시를 한다.

52 중앙을 기점으로 사진 41의 ⑨, ⑩에 목타 구멍을 뚫는다. 가죽이 한 장뿐이므로 쉽게 작업할 수 있다.

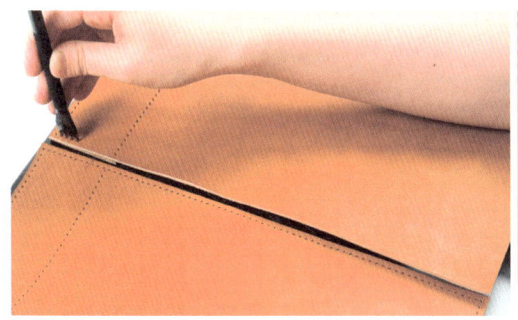

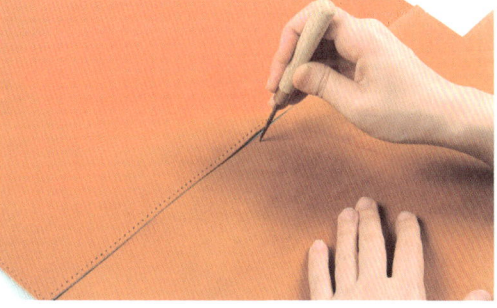

53 반대쪽 몸통에도 목타 구멍을 뚫는다. 길이를 재서 작업을 하기보다는 목타 구멍을 전부 낸 몸통을 옆에 두고 작업하는 편이 더욱 간단하고 정확하게 목타 구멍을 뚫을 수 있다.

POINT

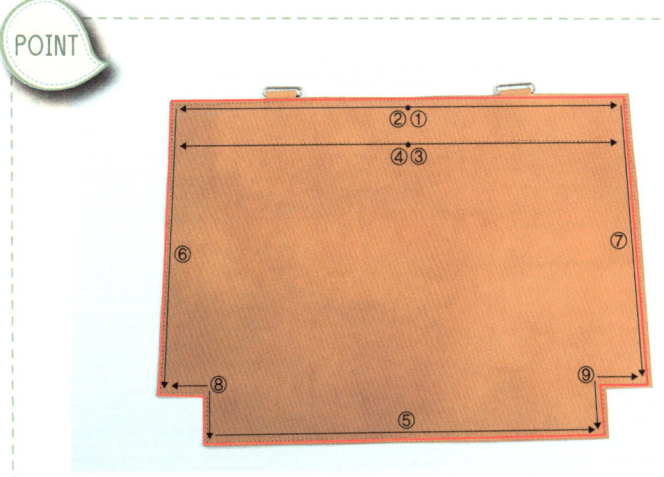

54 여기서 바느질을 할 순서를 확인한다. 먼저 선 ①~④를 따라 주머니와 사각링 가죽을 꿰맨다. 이어서 빨간 선이 그려진 부분을 측면 처리한다. 마지막으로 선 ⑤~⑨를 따라 다른 쪽의 몸통과 꿰맨다. 숙련자라도 꼬박 하루가 걸리는 작업이므로 여유를 갖고 정확하게 꿰맨다. 혹시나 구멍 위치가 맞지 않을까 불안하다면 미리 세어보는 것도 좋다.

55 ①~④를 꿰맨다. 가죽이 두껍기 때문에 집게가 필요하다.

56 이어서 사진 54에서 설명한 빨간 선 부분을 측면 처리한다. 엣지 비벨러로 모서리를 깎아내고 물과 토코놀을 묻힌 후, 프레스 슬리커로 정성스럽게 문지른다.

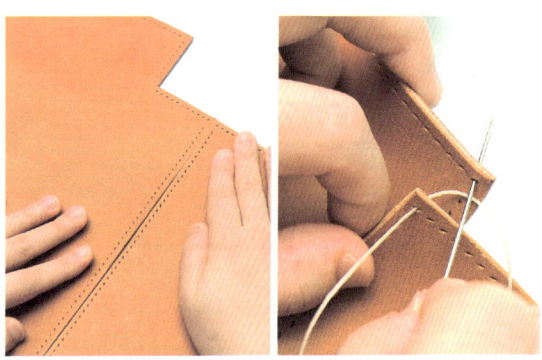

57 선 ⑤를 꿰맨다. 두 개를 나란히 놓고 구멍 수가 맞는지 마지막으로 확인한 뒤 주머니가 달린 몸통이 아래가 되도록 꿰맨다.

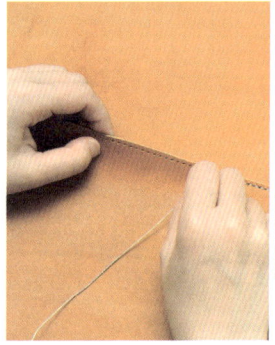

58 화살표 방향대로 꿰맨다. 마지막은 두 땀 정도 박음질을 하고 실을 고정시킨다. 같은 방법으로 선 ⑥, ⑦도 꿰맨다.

CHECK

⑥과 ⑦을 꿰맬 때는 강도를 높이기 위해, 실을 가장자리에 두 번 걸고서 꿰매기 시작한다.

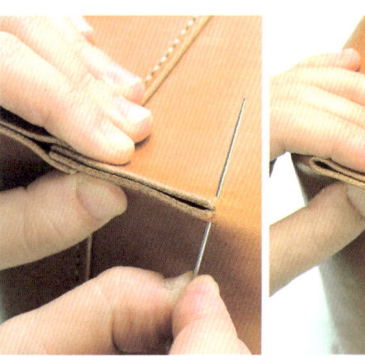

59 선 ⑧을 꿰맨다. 가죽이 여러 겹 겹쳐진 부분은 집게를 이용하면 쉽게 작업할 수 있다.

처음 시작하는 가죽공예

60 이어서 선 ⓔ도 꿰매면 본체가 완성된다. 실을 확실히 고정시켜서 풀리지 않도록 한다.

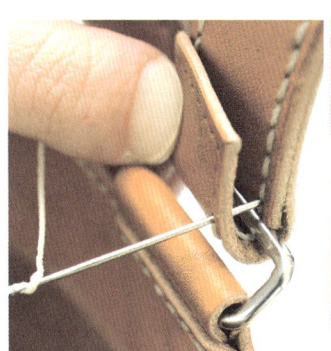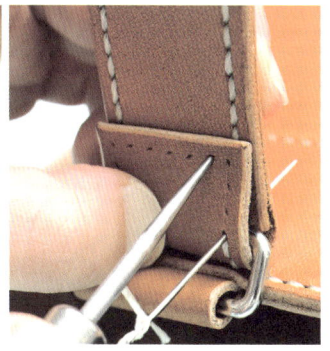

61 마지막으로 손잡이를 붙인다. 손잡이에 사각링을 끼우고 바늘을 넣어 고정시킨다. 그 상태에서 송곳을 두 곳 정도에 넣어 아래쪽 가죽에 바느질 구멍 표시를 낸다.

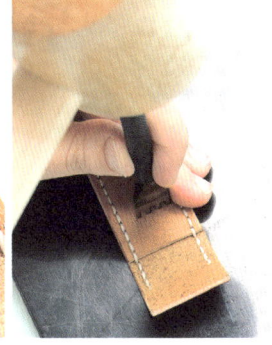

62 61에서 남긴 표시를 기준으로, 일직선으로 목타 구멍을 뚫는다.

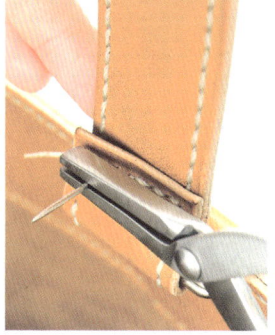

63 다시 사각링을 끼우고 꿰매기 시작한다. 이곳도 가죽이 두꺼우므로 집게가 있으면 편리하다.

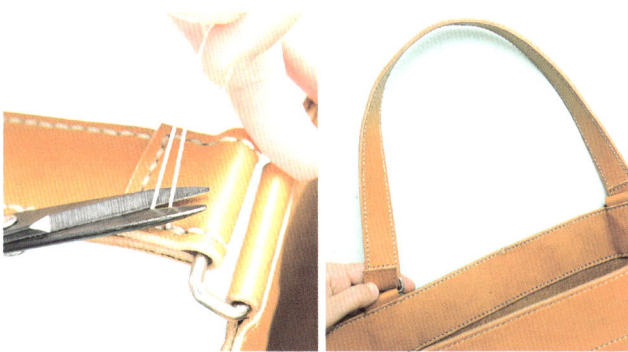

64 바느질이 끝나면 실을 단단히 고정시킨다. 반대쪽과 나머지 손잡이도 마저 꿰매면 완성이다.

65 심플하고 질리지 않는 토트백. 꿰매는 길이가 길어 숙련자라도 제작하는 데 꼬박 하루 이상이 걸린다.

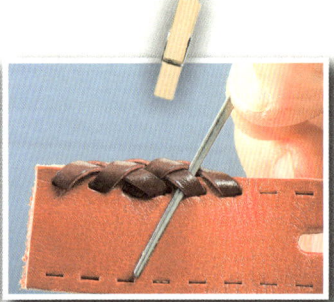

PART II

엮기·휘감기·금속장식 달기· 염색의 다양한 기법을 익히자

몇 가지 도구를 갖추고 추가 기법을 익힌다면 가죽공예를 더욱 즐길 수 있다.
이를 이용하여 자신만의 독창적인 작품을 만들어보자.

사진: Hideyo Komine / Yuji Futami / Editorial Staff

다양한 가죽공예 기법

지금까지 소개한 작품은 주로 실과 바늘을 사용했다. 거기에 다채로운 가죽공예 기법을 더하면, 만들 수 있는 작품의 디자인과 종류가 훨씬 넓어진다.

1 가죽끈 엮기

가죽끈을 엮는 방법은 다양하다. 엮는 것만으로 팔찌를 만들 수도 있고 금속장식을 달면 지갑체인, 키홀더, 핸드폰 줄, 애완동물의 목줄, 벨트, 가방의 손잡이까지 만들 수 있어 응용 범위가 무궁무진하다. 특별한 도구가 필요하지 않기 때문에 가죽공예를 처음 시작할 때 엮기 기법을 배워둔다면 다양한 작품을 만드는 재미를 느낄 수 있다.

◐ 가죽끈 네 줄을 엮어 가죽체인을 만들었다. 금속장식을 바꿔 달면 애완동물의 목줄도 된다. ◐ 판매되는 가죽끈(레이스라고도 한다)은 색상, 폭, 두께, 소재가 매우 다양하다.

세 줄 엮기

가죽끈은 최소한 세 줄은 준비해야 엮을 수 있다.
기본인 세 줄 엮기는 심플한 팔찌나 키홀더에 응용하면 좋다.

1 가죽끈 세 줄을 세로로 늘어놓는다. 먼저 오른쪽의 빨간색 가죽끈을 중앙의 파란색 위에 포갠다.

2 왼쪽 끝의 노란색 가죽끈을 빨간색 끈 위에 포갠 뒤 파란색 가죽끈 밑에 둔다.

3 오른쪽에 놓인 파란색 가죽끈을 노란색 위에서 교차시켜, 빨간색 밑으로 가져온다.

4 두 줄이 나란히 있는 가죽끈 중에서 바깥쪽 가죽끈을 반대쪽 끈 밑으로 가져오는 과정을 반복한다.

네 줄 평평하게 엮기

가죽끈을 짝수로 엮으면 완성된 형태가 평평한 것과 둥근 것이 있다. 이 방법은 가죽끈이 네 줄 이상이고 짝수일 때 응용 가능하다.

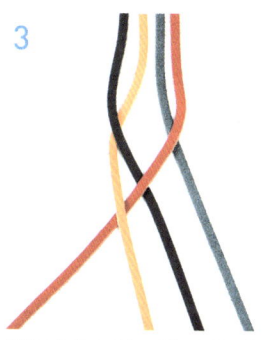

1 가죽끈 네 줄을 세로로 놓고 두 줄씩 나눈 뒤, 오른쪽의 빨간 끈을 파란 끈 위에 포갠다.

2 왼쪽의 검정 끈을 노란 끈 위에 포갠 뒤 빨간 끈 아래로 교차시킨다.

3 왼쪽 끝에 놓인 노란 끈을 빨간 끈 위로 교차시켜서 검정 끈 밑으로 가져온다.

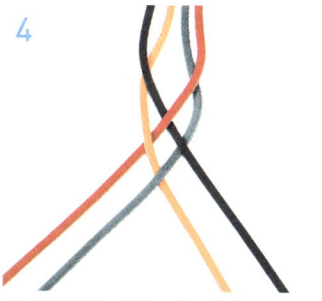

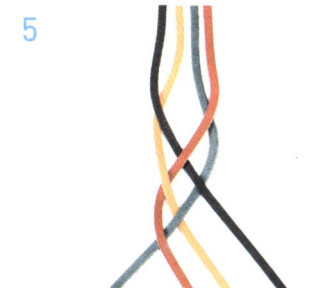

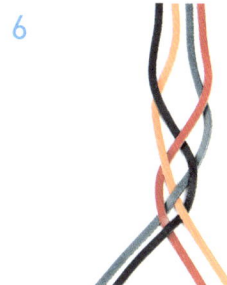

4 오른쪽 끝의 파란 끈을, 먼저 검정 끈 아래로 통과시킨 뒤 노란 끈 위에 포갠다.

5 왼쪽 끝의 빨간 끈을 파란 끈 위에 포개서 노란 끈 밑에 둔다.

6 오른쪽 끝의 검은 끈을 노란 끈 아래로 넣고 빨간 끈 위로 교차시켜, 왼쪽의 파란 끈 밑에 둔다.

7 규칙이 파악됐을 것이다. 두 줄씩 나뉘면 왼쪽 끝의 끈을 옆쪽 끈 위에 포갠다.

8 오른쪽의 세 가죽끈 중, 가장 바깥쪽 끈을 두 번째 끈 밑으로 넣고 세 번째 위에 포갠다.

9 8에서 두 줄씩 나뉘었으므로, 왼쪽 끝의 검정 끈을 옆의 노란 끈 위로 교차시킨다.

네 줄 둥글게 엮기

네 줄 둥글게 엮기를 익히면 이 책에서 소개하는 지갑체인 외에도 다양한 소품에 응용할 수 있다. 꼭 도전해보자.

1
가죽끈 네 줄을 두 줄씩 나누고, 각각 오른편에 있는 끈을 왼편 끈 위에 포갠다.

2
중앙의 두 끈을 교차시킨다. 왼편에 있는 검은 끈을 빨간 끈 위에 포갠다.

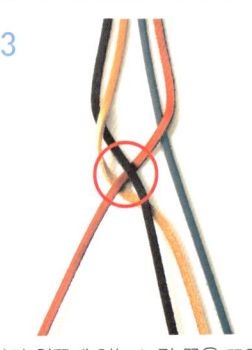

3
가장 왼쪽에 있는 노란 끈을 꼬아서, 중앙의 두 끈 밑으로 넣는다.

4
노란 끈을 교차 지점에 맞추고, 표면이 바깥쪽이 되도록 뒤집어 검은 끈에 걸친다.

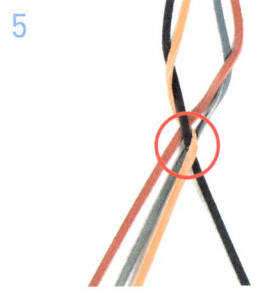

5
오른쪽 끝의 파란 끈을 꼬아서 노란 끈과 빨간 끈 사이로 안쪽에서 넣고, 노란 끈 위로 빼낸다.

6
노란 끈과 검은 끈의 교차 지점에 파란 끈을 맞추고, 표면이 바깥쪽이 되도록 뒤집어 노란 끈 위에 포갠다.

7
두 줄씩 나뉘었다면 왼쪽 끝(빨강)을 오른쪽 두 줄 사이로, 뒷면이 위를 향하게 해서 넣는다.

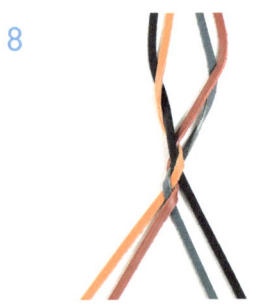

8
뒷면을 왼편 교차 지점에 맞추고, 표면이 바깥쪽이 되도록 뒤집어 왼쪽 끈 밑에 둔다.

9
좌우가 바뀐 위치에서 7·8을 반복하여 검은 끈을 두 끈 사이로 넣었다. 이 과정을 반복한다.

다섯 줄 평평하게 엮기

가죽끈을 홀수로 엮을 때는 V자 모양의 꼬임이 나온다.
기본적인 방법은 세 줄 엮기와 같지만 다섯 줄 엮기도 소개한다.

1 가죽끈 다섯 줄을 왼쪽 두 줄, 오른쪽 세 줄로 나눈다. 오른쪽의 갈색 끈을 왼쪽의 두 끈 위로 교차시킨다.

2 왼쪽 끝의 검은 끈을 노란 끈과 갈색 끈 위로 포개고 오른쪽의 두 끈 안쪽에 둔다.

3 오른쪽의 빨간 끈을 옆의 두 끈 위로 교차시켜 왼쪽의 두 끈 옆으로 가져간다. 왼쪽이 세 줄이 된다.

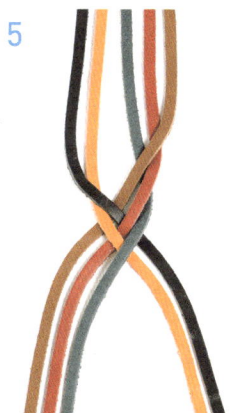

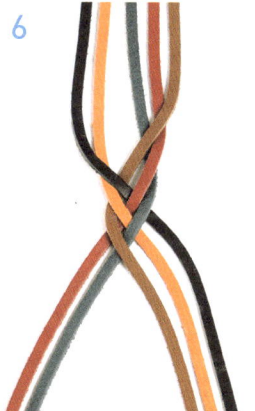

4 왼쪽의 세 끈 중에 가장 바깥쪽의 노란 끈을 옆의 두 끈(갈색과 빨간색) 위로 교차시키고 오른쪽 두 끈의 안쪽에 둔다.

5 4에서 오른쪽 끈이 세 줄이 됐으므로, 가장 바깥쪽의 파란 끈을 위로 교차시켜 왼쪽 끈 안쪽에 둔다.

6 두 갈래로 나뉜 끈 중, 수가 많은 쪽의 가장 바깥쪽 끈을 위로 교차시켜서 수가 적은 쪽의 안쪽에 둔다.

7 원하는 길이가 될 때까지 6을 반복한다. 가죽끈을 느슨하게 엮으면 V자는 세로로 길어지고 빽빽하게 엮으면 가로로 길어진다.

마법의 세 줄 엮기

두꺼운 가죽끈에 칼 선을 넣어서 위아래가 이어진 상태로 엮는 방법이다.
홀수라면 몇 줄이든 상관없으며 여기서는 기본인 세 줄 엮기를 소개한다.

1
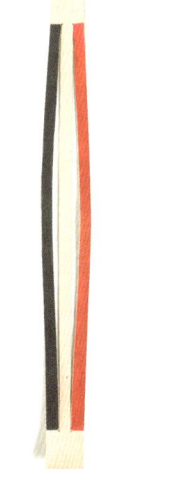

2

3

4

사진처럼 가죽에 칼 선을 두 번 넣어 위아래가 이어진 세 줄로 만든다.

오른쪽의 빨간 끈부터 보통의 세 줄 엮기와 똑같이 엮는다. 촘촘하게 엮어야 쉽다.

세 번 엮은 모습. 엮은 횟수는 오른편에 빨·흰·검으로 늘어선 것으로 알 수 있다.

세 번 엮었다면 위쪽의 엮은 모양을 유지하면서 ○ 부분을 넓힌다.

5

6

7

8

9

넓힌 부분에 아래쪽을 구부려 넣는다. 그리고 표면이 바깥쪽을 향하도록 둔다.

5가 끝난 후의 모습이다. 얽힌 상태를 풀기 위해 ○ 부분을 넓힌다.

○ 부분에 아래쪽을 바깥쪽에서 구부려 넣는다. 넣고 나면 표면을 위로 해서 끈을 잡아당긴다.

7이 끝나면 표면이 위를 향하면서 검은 끈과 흰 끈이 포개진다. 이 겹친 부분을 위로 끌어올린다.

세 번 엮은 뒤 4~8을 반복한다. 코가 빽빽해져서 더 이상 엮을 수 없게 되면 완성이다.

2 레이스 휘감기

가죽과 가죽을 이을 때는 실과 바늘로 가죽을 꿰매는 기법 외에도, 가죽끈(레이스)으로 휘감는 방법도 있다. 이 기법을 레이스 휘감기라고 한다. 휘감는 방법은 다양하며, 가죽을 서로 이어줄 뿐 아니라 장식으로도 활용할 수 있다. 형지는 같지만 손바느질 대신 레이스를 휘감는 것으로 전혀 다른 분위기를 낼 수 있다. 기본적인 기법으로 만든 작품도 레이스 휘감기 기법을 이용하여 또 한 번 만들어 보자.

이 책에서는 열쇠지갑과 벨트를 만들 때 이 기법을 이용했다. 아이디어에 따라 바느질 대신 어디에나 활용할 수 있다.

사용하는 도구

손바느질과 순서가 같기 때문에 도구도 거의 동일하다. 아래의 도구와, 이 외에도 고무판과 나무망치를 준비한다.

일반 목타

바느질을 할 때는 다이아몬드 목타로 구멍을 뚫었으나, 레이스 휘감기는 일반 목타로 뚫는다.

펀치

일반 목타 대신 펀치로 구멍을 뚫어도 된다. 구멍이 커서 레이스를 넣기 쉽다.

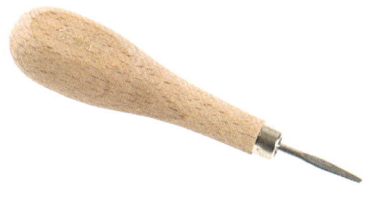

레이스 송곳

작은 구멍에 여러 번 레이스를 넣을 때 송곳으로 구멍을 넓혀주면 작업이 수월하다.

레이스

소가죽 레이스를 사용한다. 엮기에서 사용한 가죽끈보다 훨씬 얇은(0.5mm) 휘감기용 레이스를 준비한다. 길이가 긴 롤 레이스도 있다.

레이스 바늘

레이스 휘감기용 바늘은 바늘 머리에 레이스를 끼우는 구조로 되어 있다.

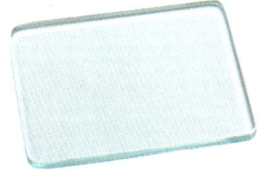

유리판

레이스를 얇게 깎을 때 칼날이 잘 미끄러지는 유리판을 밑에 깔면 좋다.

가죽 준비

손바느질과 마찬가지로 가죽에 먼저 구멍을 뚫고 나서 레이스를 감는다. 여기서는 일반 목타로 구멍을 뚫을 때 주의할 점을 설명한다.

1 멀티 스티칭 그루버로 보조선을 긋는다. 선이 너무 표시나지 않도록 얇게 긋는다.

2 먼저 곡선 부분의 각도가 가장 큰 지점에 1날 목타로 구멍을 뚫는다.

3 곡선에 낸 구멍에 4날 목타의 끝 날을 걸고, 옆 날로 보조선에 표시를 낸다.

4 구멍에 건 날을 빼고 3에서 낸 표시에 맞춰 구멍을 뚫을 표시를 낸다.

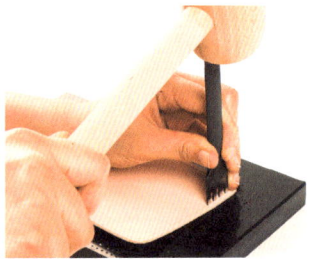

5 표시를 끝냈다면 나무망치로 목타를 두드려 구멍을 뚫는다. 목타는 반드시 수직으로 세운다.

6 두 장의 가죽을 엮을 때는 동시에 구멍을 뚫는다. 아래쪽 가죽에도 목타 날이 닿게끔 확실히 구멍을 뚫는다.

레이스 바늘 준비

레이스 휘감기용 전용 바늘에는 여러 종류가 있으나 여기서는 가장 일반적인 B레이스 바늘(레귤러 레이스 바늘)을 사용한다.

1 레이스를 유리판 위에 올려두고 끝을 1~1.5cm 정도 깎아낸다.

2 바늘 머리를 열고 깎아낸 레이스 끝을 5mm 정도 물려 끼운다.

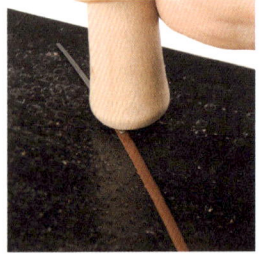

3 바늘 머리를 닫고 나무망치의 손잡이 등으로 눌러 확실히 고정시킨다.

4 B레이스 바늘은 머리의 작은 돌기를 레이스에 찔러 끼우도록 되어 있다.

| 싱글 스티치 | 싱글 스티치는 장식용으로 가죽 한 장을 감는 데 적절한 기법이다. 먼저 이 휘감기에 도전해보자.

■ 시작

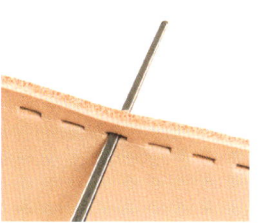

1 작품 바깥쪽을 앞에 두고 바늘을 끼운다. 눈에 띄지 않는 곳에서 시작한다.

2 바늘을 넣고 레이스 끝이 약 2cm 남을 때까지 레이스를 당긴다.

3 사진과 같이 남은 레이스에, 구멍에 넣은 레이스를 끼우고 잡아당긴다.

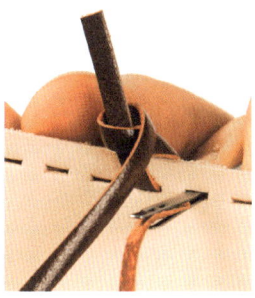

4 표면 쪽에서 다음 구멍에 바늘을 넣는다. 항상 표면부터 바늘을 넣는다.

5 코가 촘촘해지도록 레이스를 당긴다.

6 안쪽의 바늘을 앞으로 가져와 레이스의 표면을 위로 하고 찔러넣는다.

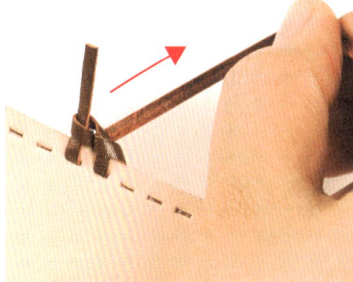

7 레이스를 당겨서 코를 정돈한다.

8 이어서 다음 구멍에 바늘을 넣고 5~7을 반복한다. 당기는 힘이 일정해야 코가 가지런하다.

■ 모서리

1 모서리 바로 전 구멍에서는 바늘을 두 번 넣는다. 바늘을 넣기 힘들면 레이스 송곳을 이용한다.

2 이처럼 모서리와 양옆까지 세 곳에 바늘을 두 번 넣으면 코가 꽉 맞물려 예쁘게 완성된다.

■ 마무리

1 마지막 구멍까지 감았다면(남색), 처음에 감은 레이스(갈색)를 표면 쪽에서 뺀다.

2 처음 2cm 정도 남겨두었던 레이스를 빼면, 갈색 레이스의 원이 생긴다.

3 빼낸 갈색 레이스를 측면에 걸쳐두고, 남색 레이스 바늘을 위에서 원 안으로 넣는다.

4 원에 넣은 바늘을 가장 처음에 넣은 구멍(갈색 레이스가 감긴 구멍)에 통과시킨다.

5 측면에 걸쳐둔 갈색 레이스는, 사진을 참고해 남색 레이스 사이에 끼워넣는다.

6 4에서 넣은 레이스를 잡아당긴 후 2cm 정도 남겨두고 레이스를 자른다.

7 자른 레이스의 끝을 커터칼로 얇게 깎아낸다.

8 깎아낸 부분에 본드를 바른다. 구석구석 얇게 펴 바르는 것이 중요하다.

9 송곳을 사용하여 남색 레이스를 안쪽 사진의 위치에 끼워넣는다.

10 바깥쪽을 앞으로 해 남색 레이스를 갈색 레이스 위에 겹쳐 코 안에 넣는다.

11 다시 안쪽을 보며, 남색 레이스에 끼워넣은 갈색 레이스에도 본드를 묻혀 고정시킨다.

12 싱글 스티치가 마무리되었다. 밖에서 볼 때 레이스 끝이 삐져나오지 않도록 한다. 여기서는 시작과 끝을 구분하기 쉽도록 레이스의 색을 바꿨다.

더블 스티치

완성된 형태는 싱글 스티치와 비슷하지만 엮인 코가 다소 촘촘하다.
싱글 스티치보다 많은 레이스가 필요하다.

■ 시작

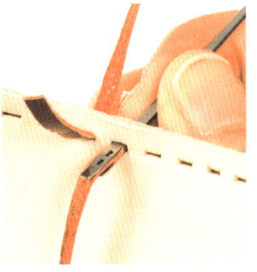

1 첫 구멍에 바늘을 넣은 후 바로 두 번째 구멍에도 바늘을 넣는다.

2 두 번째 구멍에 넣은 레이스를 잡아당길 때, 남은 레이스를 사진과 같이 원 안으로 넣는다.

3 남은 레이스와 두 번째 구멍에 넣은 레이스가 겹치는 곳 밑으로 바늘을 넣는다.

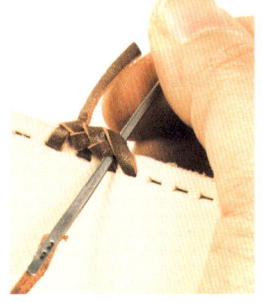

4 레이스를 당긴 후 바늘을 바깥쪽에서 다음 구멍에 넣는다. 레이스가 얽히지 않도록 주의한다.

5 방금 넣은 구멍과 그 전 구멍 사이에 생긴 크로스 밑으로 바깥쪽에서 바늘을 넣어 잡아당긴다.

6 다음 구멍에 바늘을 넣는다. 처음에 남겨둔 레이스가 원 안에 끼지 않도록 한다.

7 구멍과 구멍 사이에 생긴 크로스, 즉 바로 앞에 있는 크로스 밑으로 바늘을 넣는다. 6~7을 반복한다.

■ 모서리

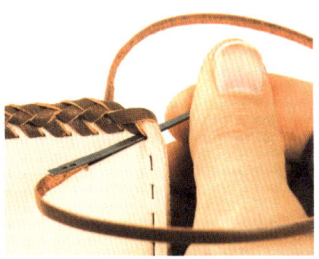

1 더블 스티치는 싱글 스티치와 달리 모서리에 있는 구멍 하나에만 바늘을 두 번 넣는다.

2 모서리에만 바늘을 두 번 넣어도 코 사이에 틈이 생기지 않는다.

■ 마무리

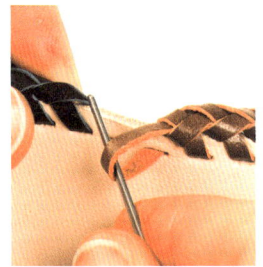

1 구멍이 하나 남은 상태에서 레이스(남색) 작업을 멈추고, 처음 레이스(갈색)를 푼다.

2 표면을 앞으로 두고 레이스를 푼다. 처음에 남겨둔 레이스를 풀면 사진과 같다.

3 맨 처음 감은 구멍에서 레이스를 완전히 빼낸다.

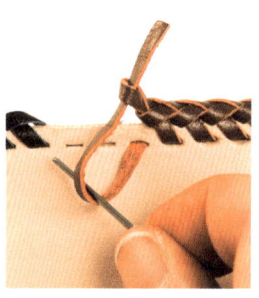

4 바늘이나 송곳을 넣어서 첫 번째 구멍 옆의 레이스를 풀어낸다.

5 안쪽에서 레이스를 당겨 원을 만든다.

6 레이스를 감지 않은 구멍이 두 개 남을 때까지 남색 레이스를 감는다.

7 구멍이 두 개 남으면, 표면에서 넣은 레이스를 아래쪽에서 원 안으로 넣는다.

8 원 안에 넣은 바늘을 바로 전 크로스에 넣고 레이스를 잡아당긴다.

9 바늘을 위에서 원 안으로 넣는다. 원이 넓어지지 않도록 갈색 레이스를 잡아당긴다.

10 원에 넣었던 바늘을 남은 구멍(가장 처음에 감은 구멍)에 표면에서 넣는다.

11 제작물의 안쪽을 보면서 감아온 바늘을 사진에서 보이는 곳에 넣고 빼낸다.

12 남은 레이스는 둘 다 코에 섞여 보이지 않을 정도까지 잘라낸다.

13 레이스를 자른 부분에 본드를 발라 확실하게 고정시킨다.

14 자를 때 되도록 빠듯하게 잘라내면 깔끔하게 완성된다.

트리플 스티치

더블 스티치보다 코가 촘촘하다.
이 책에서는 열쇠지갑을 감을 때 이용했다.

■ 시작

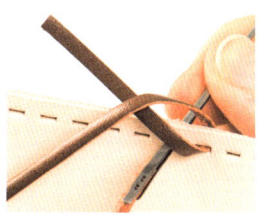

1 바깥쪽 첫 구멍에 레이스를 넣은 후, 남은 레이스를 사이에 넣고 한 땀 왼쪽에 바늘을 넣는다.

2 1에서 넣은 레이스를 죈다. 레이스의 표면이 항상 바깥을 향하도록 한다.

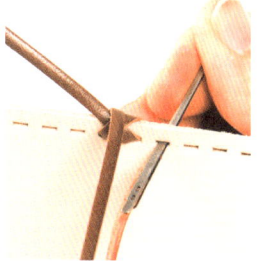

3 다음 구멍에 바늘을 넣는다. 제작물의 바깥쪽을 항상 앞으로 향하게 두고 바깥쪽부터 바늘을 넣는다.

4 가죽의 측면에 큰 크로스가 생기는데 그 밑으로 바늘을 넣는다.

5 레이스가 도중에 뒤틀리지 않도록 천천히 일정한 힘으로 잡아당긴다.

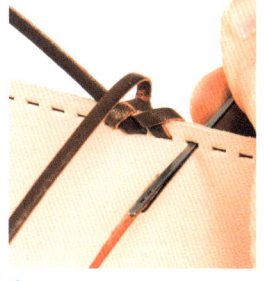

6 뒤쪽의 레이스를 앞으로 가져와서, 사진을 참고하여 구멍에 바늘을 넣는다.

7 두 땀 뒤쪽의 레이스 밑으로 바늘을 넣고 레이스를 통과시킨다.

■ 모서리

8 레이스를 잡아당겨 코를 정리한다. 이것으로 기본적인 순서는 끝이다.

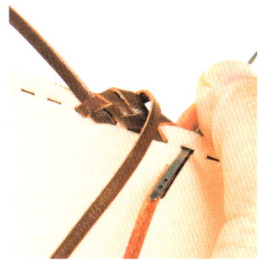

9 바늘을 다음 구멍에 넣고 두 땀 뒤쪽의 레이스 밑으로 넣는. 6~8 과정을 반복한다.

1 트리플 스티치도 더블 스티치와 마찬가지로 모서리 구멍에만 바늘을 두 번 넣는다.

2 두 코 뒤쪽에 바늘을 넣을 때, 이 사진을 참고하면 이해하기 쉬울 것이다.

■ 마무리

3 트리플 스티치는 코가 촘촘하므로 이 방법이면 모서리가 깔끔하게 정돈된다.

1 구멍이 하나 남은 상태에서 남색 레이스 작업을 멈추고, 처음에 감은 레이스를 뺀다.

2 사진 1을 참고하여 작품 바깥쪽에서 바늘을 넣어 뺀 레이스를 안쪽에서 잡아당긴다.

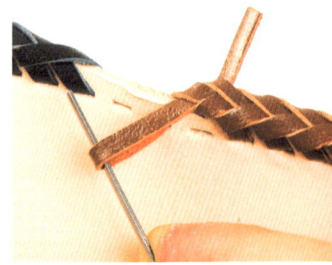

3 바깥쪽을 앞으로 두고, 사진을 참고하여 가장 왼쪽 끝에 감긴 레이스를 잡아당긴다.

4 남겨둔 레이스에 바늘이나 송곳을 끼워 하나하나 정확하게 레이스를 풀어낸다.

5 갈색 레이스가 감긴 구멍에서 가장 끝의 레이스를 자기 앞으로 빼면 원이 생긴다.

6 안쪽에서도 레이스를 당겨 구멍에 감겨 있는 레이스를 빼낸다. 레이스를 세 번 풀었다.

7 구멍이 두 개 남을 때까지 남색 레이스로 트리플 스티치를 한다.

8 갈색 레이스 원에, 남색 레이스를 위에서 넣은 뒤 다음 구멍에 바늘을 넣는다.

9 갈색 원이 지나치게 커지지 않도록 주의하며 남색 레이스를 잡아당긴다.

10 안쪽으로 나온 남색 레이스를 다시 한 번 갈색 원에 밑에서 넣어 앞으로 가져온다.

11 앞으로 가져온 남색 레이스를 두 땀 뒤쪽의 레이스 밑으로 넣는다.

12 마찬가지로 갈색 원에 바늘을 넣고 나서 마지막 구멍에 레이스를 감는다.

13 갈색 원이 커졌을 때 화살표 방향으로 레이스를 잡아당기면 줄어든다.

14 공정 13에서 코를 정돈한 뒤, 마지막으로 남은 구멍에 바깥쪽에서 바늘을 넣는다.

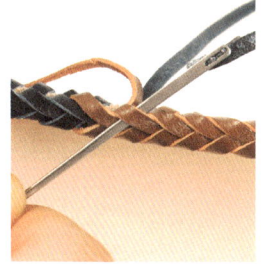

15 뒤에 있는 남색 레이스를 사진과 같이 두 번째 갈색 코 사이에 넣는다.

16 뒤에 있는 갈색 레이스를 다른 레이스에 가려지도록 짧게 자른다.

17 갈색 코 사이에 넣은 남색 레이스도 빠듯하게 잘라낸다.

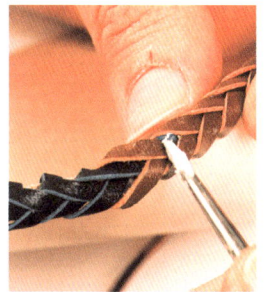

18 남색, 갈색 레이스 끝에 본드를 발라서 고정시킨다.

19 트리플 스티치가 끝났다. 공정 13을 거치면서 코가 가지런해졌다.

라운드 스티치
마지막으로 라운드 스티치를 소개한다. 코가 매우 촘촘하기 때문에 각이 심한 경우를 제외하고는, 모서리도 직선과 똑같이 감는다.

■ 시작

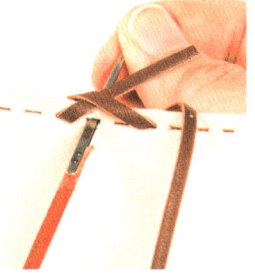

1 사진을 참고하여 첫 번째 구멍에 레이스를 넣은 뒤, 이어서 처음 구멍에서 세 번째 위치에 넣는다.

2 처음에 레이스를 감은 구멍의 옆 구멍에, 표면에서 바늘을 넣고 레이스를 당긴다.

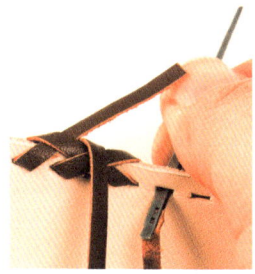

3 뒤로 나온 레이스를 표면으로 가져와서, 처음 구멍에서 네 번째 위치에 바늘을 넣는다.

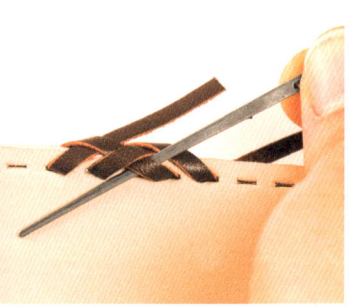

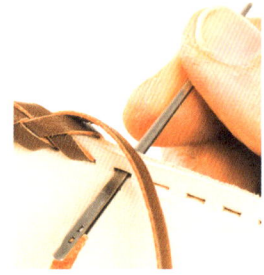

4 사진을 참고하여, 진행 방향과 반대쪽으로 두 번째 레이스 밑에 바늘을 넣는다.

5 오른쪽에서 세 번째 구멍(아직 레이스를 넣지 않은 부분)에 바늘을 넣는다.

6 가죽을 안쪽으로 뒤집어, 방금 바늘을 넣은 구멍의 옆 구멍에 감긴 레이스 밑으로 바늘을 넣는다.

7 다시 가죽을 바깥쪽으로 뒤집어, 진행 방향 쪽 구멍에 바늘을 넣고 레이스를 당긴다.

■ 마무리

8 4와 마찬가지로, 뒤로 두 번째 레이스에 바늘을 넣는다.

9 오른쪽에서 세 번째 구멍에 넣고, 안쪽으로 뒤집어 옆 구멍의 레이스 밑으로 넣는다. 7~9를 반복한다.

1 지금까지의 스티치와 달리 처음의 레이스를 풀지 않고 잇는다.

2 처음에 감은 구멍에 다시 한 번 바늘을 넣은 뒤, 뒤로 두 번째 레이스에 바늘을 넣는다.

3 처음 구멍(갈색과 남색이 같이 지나간 구멍)에서 세 번째 구멍에 바늘을 넣는다.

4 안쪽으로 뒤집어. 3에서 안쪽으로 나온 레이스를 옆 레이스 밑으로 집어넣는다.

5 다시 바깥쪽으로 뒤집어, 갈색 레이스가 지나간 두 번째 구멍에 바늘을 넣는다.

6 그다음도 보통의 라운드 스티치를 하듯이, 바늘을 뒤로 두 번째 레이스 밑으로 넣는다.

7 뒤로 세 번째 구멍(남색 레이스만 한 번 감긴 구멍)에 바깥쪽에서 바늘을 넣는다.

8 측면을 보면서, 바깥쪽에서 넣은 구멍의 바로 옆에 있는 레이스 밑으로 바늘을 넣는다.

9 다시 바깥쪽을 보며, 사진을 참고하여 갈색 레이스 밑으로 바늘을 넣는다.

10 바늘을 갈색 레이스의 끝에서 세 번째 구멍에 넣는다.

 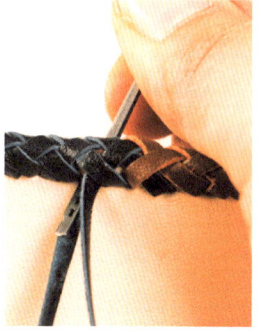  

11 뒤쪽에 있는 바늘을 사진을 참고하여 레이스 아래로 넣고 표면 쪽으로 뺀다.

12 남색 레이스가 감긴 구멍에서 세 번째 구멍에 표면에서 바늘을 넣고 안쪽에서 레이스를 고정시킨다.

13 레이스를 풀지 않고 이으면서 깔끔하게 마무리되었다.

14 앞으로 가져온 남색 레이스를 두 땀 뒤쪽의 레이스 밑으로 넣는다.

레이스 잇기   CHECK

레이스가 짧아졌을 때 잇는 방법을 소개한다. **1** 레이스가 짧아 감을 수 없게 되면 레이스 끝의 뒷면을 얇게 깎아낸다. **2** 이어붙일 레이스의 표면 끝도 깎아낸다. **3** 깎아낸 두 레이스 끝에 본드를 바른다. **4** 레이스의 표면이 자연스럽게 이어지도록 포개어 붙인다.

3 금속장식 달기

금속장시을 다는 방법을 익히면, 아일렛을 비롯해 다양한 형태의 리벳(가시메)을 사용해 심플한 손바느질 작품에 디자인 포인트를 줄 수 있다. 또 가죽 조각을 이을 스냅(똑딱단추) 등을 달 수 있어 작품의 폭이 넓어진다. 단 금속장식은 크기와 종류가 다양하므로 가죽의 두께에 따라 알맞은 것을 사용해야 한다. 또 사용하는 도구도 달라지므로 자신이 달고 싶은 금속에 맞는 도구를 구비하고, 금속장식을 살 때도 보유하고 있는 도구를 사용할 수 있는지 확인한다.

이 책에서는 똑딱단추를 사용한 가죽 트레이, 구멍을 튼튼하게 하면서 장식성도 있는 아일렛을 사용한 벨트, 열쇠지갑에 다양한 형태의 금속장식을 사용한다. 각 작품에서 금속장식을 달 때 주의해야 할 점을 소개하므로, 제작 공정이 소개된 페이지도 참고하자.

사용하는 도구
구비해야 할 것은 구멍 뚫는 도구, 금속장식을 고정할 도구, 금속장식이다. 간단하지만 종류가 매우 많으므로 잘 확인하고 준비한다.

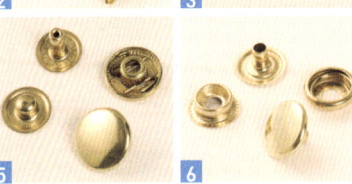

금속장식의 종류
1 리벳 2 피라미드 리벳 3 별 모양 리벳 4 아일렛 5 스프링스냅 6 점퍼버튼

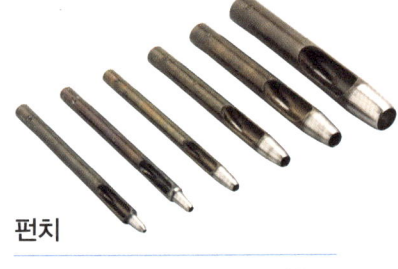

펀치
펀치, 나무망치, 고무판으로 구멍을 뚫는다. 금속장식의 크기에 따라 펀치의 크기를 바꾼다.

만능 금속판과 받침대
이와 같은 금속 받침대를 준비해 금속장식을 박는다. 받침대의 크기도 다양하다.

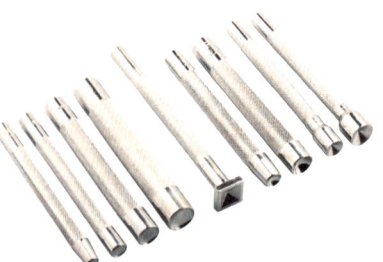

누름쇠(몰드)
받침대 위에 금속장식을 놓고 누름쇠를 댄 뒤 나무망치로 두드린다. 누름쇠도 종류와 크기가 다양하다.

스프링스냅 누름쇠, 점퍼버튼 누름쇠
누름쇠에는 스프링스냅 전용과 점퍼버튼 전용이 있다.

처음 시작하는 가죽공예

리벳(가시메)

기본 금속장식인 리벳을 다는 방법을 소개한다.
리벳을 이용해 디자인 포인트를 주거나 두 장의 가죽을 이을 수 있다.

1 표면에 형지를 참고하여 금속장식을 달 위치를 송곳으로 표시한다.

2 송곳 표시는 확실하게 남긴다.

3 송곳 표시가 중앙에 오도록 펀치를 가죽에 대고 구멍 위치를 확인한다.

4 구멍 위치가 정해지면 펀치를 수직으로 세우고 나무망치로 두드려 뚫는다.

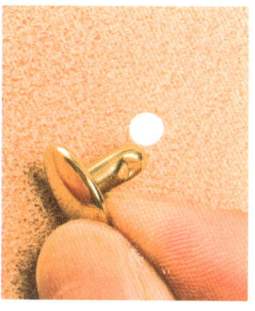

5 뒷면 쪽에서 금속의 다리(안쪽에서 박는 것으로 돌기가 긴 쪽)를 구멍에 끼워넣는다.

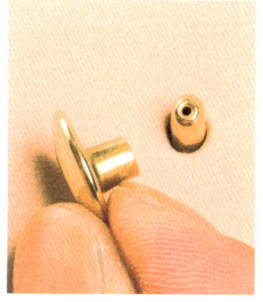

6 다시 표면으로 뒤집어 다리의 돌기에 머리(위에 다는 것)를 맞춘다.

7 머리를 위에서 가볍게 누르면 딱 소리가 나면서 머리와 다리가 맞물린다.

8 누름쇠를 대고 고정시키기 전에는 이처럼 금속장식이 떠 있는 상태이다.

9 뒷면을 밑으로 하고 크기가 맞는 금속판의 홈에 리벳의 다리를 댄다.

10 리벳 누름쇠를 표면 쪽 리벳 머리에 댄다. 리벳과 같은 사이즈를 사용한다.

11 누름쇠를 수직으로 세우고 나무망치로 누름쇠의 끝을 4, 5회 두드려 고정시킨다.

12 금속장식이 박힌 모습을 사진 8과 비교해보자. 점점 힘을 주면서 두드리면 된다.

| 피라미드 리벳 | 리벳에도 다양한 모양이 있다. 이와 같은 사각뿔 모양의 리벳은 디자인 포인트도 된다. |

1 금속장식을 구멍에 넣는 과정까지는 동일하다.

2 이 리벳에도 전용 누름쇠가 있다. 금속장식 방향에 맞춰 누름쇠를 댄다.

3 누름쇠를 수직으로 세우고 조금씩 힘을 주면서 나무망치로 4, 5회 두드린다.

4 금속장식과 가죽 사이에 틈이 없어지고 깔끔하게 금속장식이 박혔다.

| 별 모양 리벳 | 여기서는 별 모양 리벳 등, 그 금속장식의 머리 모양에 맞는 전용 누름쇠가 없을 경우 해결 방법을 소개한다. 금속에 흠집이 나지 않게 하려면 자투리 가죽이 필요하다. |

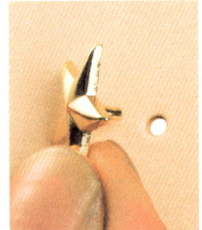  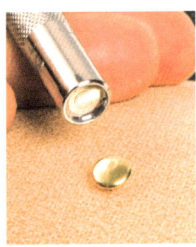  

1 먼저 별 모양의 리벳을 표면 쪽에서 구멍에 끼운다.

2 금속판 뒷면에 자투리 가죽을 깔고 그 위에 별을 둔다.

3 별의 돌기에 리벳 머리를 끼운다.

4 리벳 누름쇠를 수직으로 세우고 금속장식을 박는다.

5 특수한 형태의 금속장식은 이와 같이 박는다.

| 아일렛 | 펀치로 뚫은 구멍 주위를 감싸듯이 박는 것이 아일렛이라는 금속장식이다. 장식성과 구멍을 튼튼하게 하는 역할을 하는 아일렛을 달 때도 전용 받침대와 누름쇠가 필요하다. |

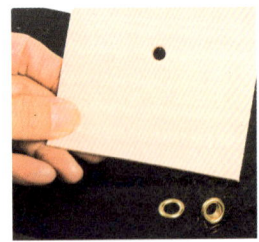   

1 아일렛도 크기가 다양하므로 크기에 맞는 펀치로 구멍을 뚫는다.

2 돌기가 있는 아일렛 본체를 표면 쪽에서 구멍에 끼운다.

3 금속장식과 같은 크기의 아일렛용 받침대를 준비하고 홈에 본체를 맞댄다.

4 본체에 끼우는 와셔는 앞과 뒤가 있다. 왼쪽이 앞, 오른쪽이 뒤이다.

 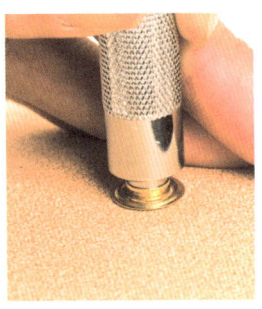 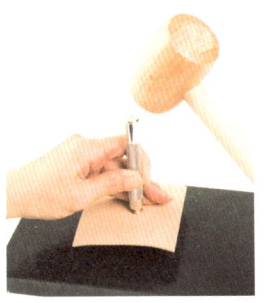 

5 와셔의 앞을 위로 하고 몸통의 다리에 끼운다. 앞과 뒤를 혼동하지 않도록 주의한다.

6 아일렛 누름쇠를 본체의 다리에 댄다. 이때 누름쇠는 공중에 뜬다.

7 누름쇠를 수직으로 들고 나무망치로 두드린다. 금속장식이 고정되면 누름쇠가 바닥에 닿는다.

8 한 번에 강하게 치거나 누름쇠가 기울어지면 금속장식이 비뚤게 박히므로 주의한다.

스프링스냅(똑딱단추)

얇은 가죽을 고정시킬 때는 스프링스냅을 사용한다. 돌기가 있는 쪽을 수단추, 그 돌기를 끼울 홈이 난 쪽을 암단추라고 한다.

 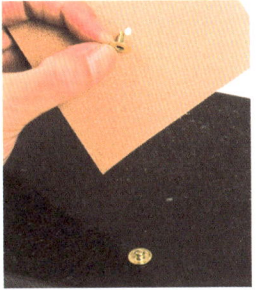  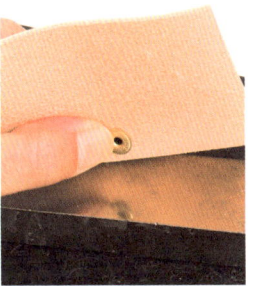

1 먼저 수단추부터 단다. 구멍은 아일렛 항목을 참고하여 뚫는다.

2 수단추의 다리(돌기가 더 긴 쪽)를 가죽 뒷면에서 구멍에 밀어넣는다.

3 표면에서 수단추의 머리를 다리의 돌기에 감싸듯이 끼워넣는다.

4 금속판의 평평한 뒷면을 위로 하고, 뒷면을 밑으로 해 가죽을 올려놓는다.

 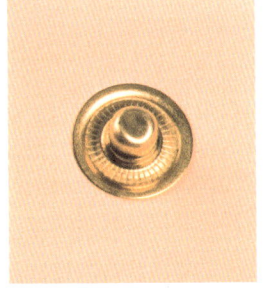 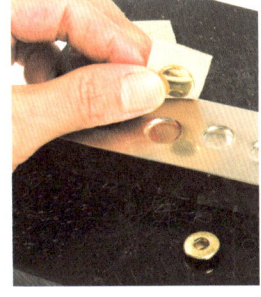 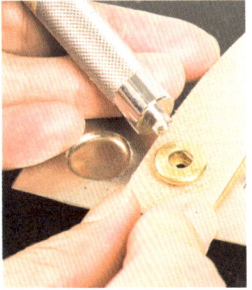

5 홈이 난 스프링스냅 누름쇠를 돌기에 끼운다.

6 누름쇠를 나무망치로 두들겨서 금속장식을 박는다. 누름쇠의 종류를 혼동하지 않도록 한다.

7 이어서 암단추를 단다. 암단추의 둥근 머리 부분을 가죽 표면에서 구멍에 넣고 금속판에 올려둔다.

8 가죽 뒷면에서 암단추의 다리를 끼우고 전용 누름쇠를 댄다.

9 누름쇠를 수직으로 세우고 나무망치로 천천히 힘을 가하면서 친다.

10 암단추를 달았다. 머리 부분을 표면에, 홈이 있는 쪽을 뒷면에 단다.

11 수단추(왼쪽)와 암단추(오른쪽)를 각각 가죽에 달았다. 한 쌍의 스프링스냅을 달기 위해서는 형태가 다른 누름쇠가 두 개 필요하다.

점퍼버튼

두꺼운 가죽을 이을 때는 스프링스냅보다 점퍼버튼이 유용하다.
점퍼버튼도 수단추·암단추라는 용어를 사용하여 표현한다.

1 점퍼버튼도 스프링스냅처럼 수단추부터 단다.

2 수단추의 다리를 가죽 뒷면에서 구멍에 넣고, 그 위에 머리를 끼운다.

3 금속판의 뒷면을 위로 두고, 가죽 뒷면을 밑으로 해서 금속장식을 단 가죽을 올려놓는다.

4 점퍼버튼용 누름쇠를 다리에 대고, 수직으로 세워 나무망치로 두드린다.

5 가죽의 표면에서 둥근 암단추의 머리를 넣고, 크기가 맞는 금속판에 올려놓는다.

6 암단추의 다리를 뒷면 쪽에서 끼워넣는다.

7 점퍼버튼용 누름쇠를 암단추의 다리에 대고 나무망치로 두드려 고정시킨다.

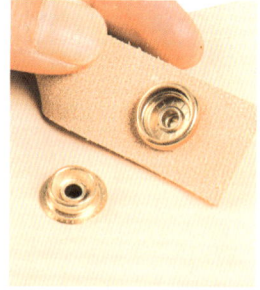

8 완성되었다. 점퍼버튼은 누름쇠 하나로 한 쌍을 달 수 있다.

4 가죽 염색하기

종이나 천과 마찬가지로 가죽에도 원하는 색을 입힐 수 있다. 일반적으로 염색 가죽도 팔기는 하나 자신이 원하는 색을 내기 위해 염색에 도전해보는 것도 하나의 즐거움이다. 가죽은 타닌 무두질 가공만 거친 소가죽을 준비한다. 여기서는 선명하고 내구성이 뛰어나며 혼색도 자유로운 알코올 염료를 사용했다. 얼룩 없이 고르게 염색되도록 정성들여 작업한다.

이 파우치는 타닌 무두질만 거친 소가죽을 알코올 염료로 여섯 번 덧칠해 색을 냈다. 가죽이 같아도 색이 다르면 분위기가 달라진다.

사용하는 도구 | 이번에 사용할 도구이다. 염료의 종류는 다양한데, 알코올 염료는 색이 잘 바래지 않아 초보자도 쉽게 다룰 수 있다.

피혁용 알코올 염료

다용도의 혼색이 자유로운 '스피란' 상품을 썼다.

변성 알코올

염료 희석 시 사용한다. 여기서는 알코올성 염료를 사용했기 때문에 알코올을 사용하지만, 수성 염료일 경우에는 물이면 된다.

수성 마감제

가죽을 염색한 후 가죽에 광택을 내고 내구성과 내마모성을 높이기 위해 바른다.

하얀 용기

염료나 약품을 담는다. 염료의 색을 확인하기 쉬운 하얀 용기가 좋다.

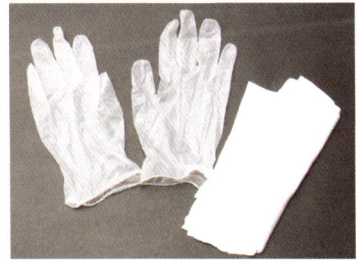

장갑·천

면 100%의 헝겊을 작게 접어서 염료를 바르면 얼룩 없이 염색할 수 있다. 비닐 장갑도 준비한다.

금테 솔, 물솔

염료와 물을 바를 때는 물솔. 마감제를 바를 때는 금테 솔을 사용했다. 동물의 털로 만든 것이 좋다.

1 얼룩을 방지하기 위해 깨끗한 물솔에 물을 묻혀 가죽 전체에 바른다.

2 염료를 용기에 담고 알코올을 1:1의 비율로 넣어 희석한다.

3 작게 접은 헝겊에 염료를 적시고 신문지 위에서 양을 조절한다.

4 원을 그리듯이 돌리며 착색한다. 원하는 색이 나올 때까지 덧칠한다.

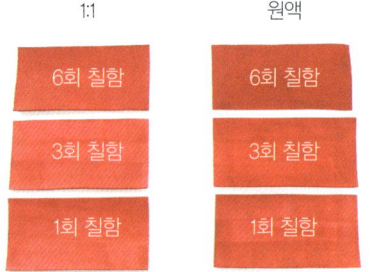
5 왼쪽이 염료와 알코올을 1:1로 희석했을 때, 오른쪽이 원액으로 염색했을 때이다. 희석한 쪽이 얼룩이 적다.

6 염료가 마르면 마감제를 새로운 천에 묻혀 광택이 날 때까지 칠한다.

7 완성되었다. 반나절 정도 통풍이 좋은 곳에 두고 충분히 말린 뒤 사용한다.

솔을 사용하는 경우

1 솔에 염료를 적셔서 양을 조절한 뒤, 원을 그리듯이 움직이면서 가죽을 염색한다.

2 원하는 색이 나올 때까지 덧칠한다. 빠진 털은 마르면 떨어진다.

3 솔로 마감제를 바를 때 듬뿍 묻히면 광택이 잘 난다.

다양한 기술을 응용해
실용적인 공예품을 만들어보자

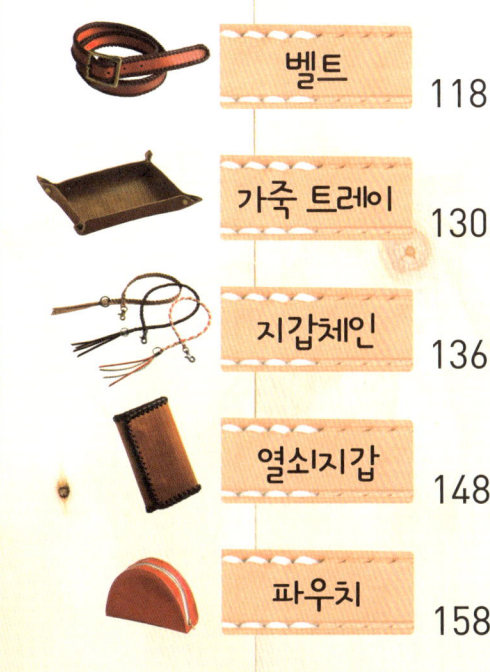

- 벨트 118
- 가죽 트레이 130
- 지갑체인 136
- 열쇠지갑 148
- 파우치 158

벨트

BELT

엮기·휘감기·금속장식을 이용해 벨트를 만든다

대다수 가죽공예점에서는 벨트 제작에 적절한 사이즈로 가죽을 잘라 판매하며, 종류나 색상도 폭넓게 선택할 수 있다. 여기서는 이러한 재료를 이용하여 세련되고 실용적인 세 종류의 벨트를 만들어본다.

벨트는 가죽을 복잡하게 잘라낼 필요가 없고, 직선과 곡선을 조합해 만들 수 있기 때문에 연습용으로 적절하다. 먼저 첫 번째 벨트는 가죽에 칼자국을 넣어서 마법 엮기를 한 것이다. 두 번째 벨트는 중후한 멋이 있는 '라운드 스티치' 기법을 이용했다. 감는 부분이 길기 때문에 제작하는 데 가장 많은 시간이 필요하다. 세 번째 벨트는 아일렛 금속장식을 박아서 심플하게 만들었다. 원하는 버클을 사용해 나만의 벨트를 만들어보자.

❶ 아일렛
❷ 레이스 휘감기
❸ 마법 엮기

● 마법 엮기 벨트 ●

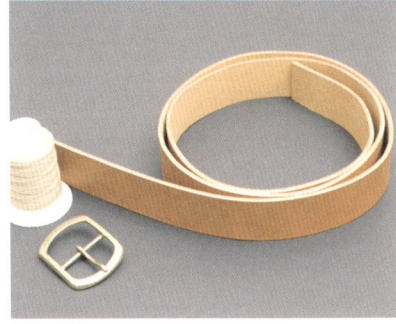

1 두께 3.3mm, 폭 40mm, 길이 1,700mm의 벨트용 가죽을 사용한다. 버클과 매끄러운 실도 준비한다.

2 한쪽 끝에서 100mm 되는 곳에, 송곳으로 8mm 간격으로 네 곳에 표시를 한다. 그곳에서 700mm 앞에도 같은 표시를 한다.

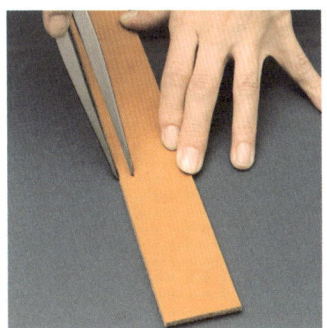
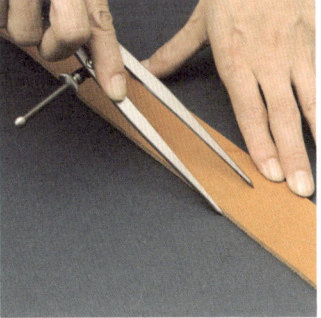

3 표시한 선을 디바이더로 잇는다. 다리 하나를 가죽의 측면에 대고 네 줄의 평행선을 긋는다.

CHECK
디바이더가 없을 때는 자를 대고 송곳으로 선을 그어도 된다.

4 이 평행선은 칼집을 낼 보조선이므로 정확하게 긋는다.

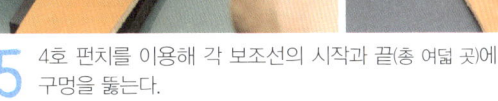

5 4호 펀치를 이용해 각 보조선의 시작과 끝(총 여덟 곳)에 구멍을 뚫는다.

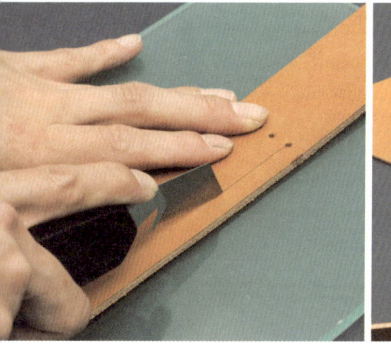 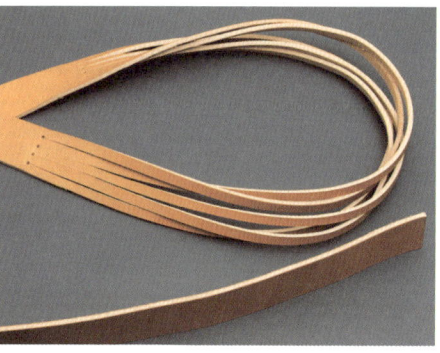 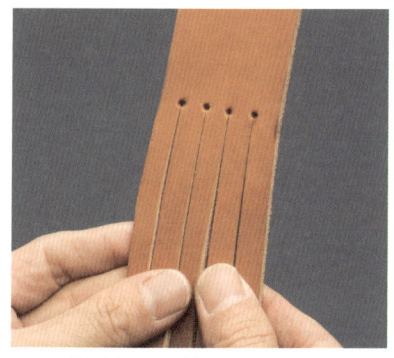

6 펀치로 뚫은 구멍에 커터칼을 넣고, 다른 쪽 구멍까지 보조선을 따라 칼집을 넣는다.

7 네 줄의 보조선을 자르면, 간격이 같은 다섯 개의 끈이 된다. 이것을 엮는다.

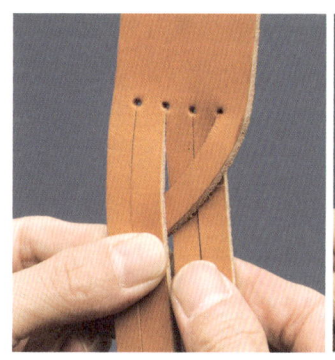  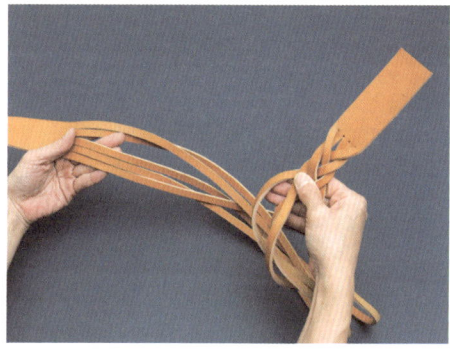

8 끝부터 5줄 엮기를 한다. 엮는 방법은 앞의 가죽끈 엮기 부분을 참조한다. 다른 쪽이 엉키게 되므로 세 번 엮은 뒤 멈춘다.

9 코를 손으로 단단히 누르고, 반대쪽을 엮은 쪽과 마찬가지로 세 줄과 두 줄로 나눈다.

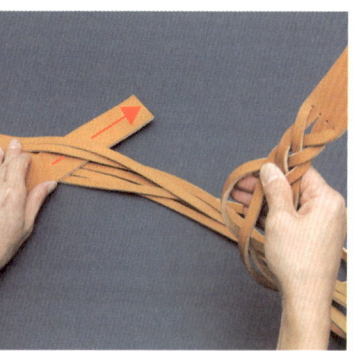 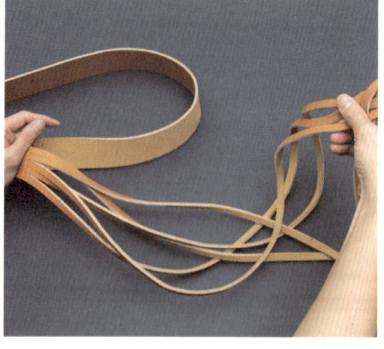 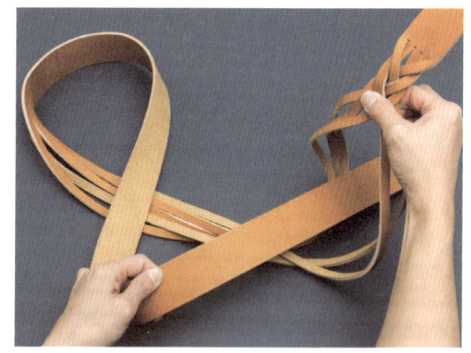

10 세 줄과 두 줄로 나눈 사이로 반대쪽 가죽을 넣는다. 표면을 위로 하고 그대로 가죽을 잡아당긴다.

11 코를 손으로 누른 채, 코 아래의 세 줄과 두 줄로 나눈 부분에 가죽을 넣고 그대로 빼낸다.

처음 시작하는 가죽공예

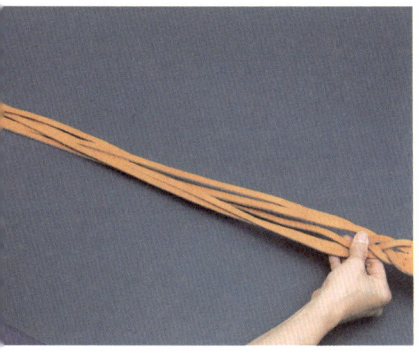

12 두 번 넣고 빼면, 얽힌 상태가 풀리고 아래쪽에 새로운 코가 생긴다.

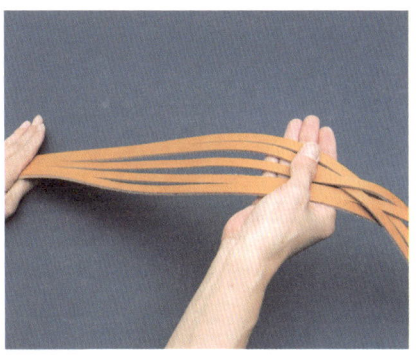

13 코를 위쪽으로 이동시키고 촘촘히 정돈한다. 아래쪽의 얽힘이 없어진다.

14 다시 세 번 엮는다. 이후 9~13까지 과정을 다섯 번 반복한다.

POINT

15 마지막으로 가죽을 넣을 때는 틈이 거의 없어 힘들다.

16 엮는 과정이 끝나면 전체적으로 코의 밀도와 형태를 정돈한다.

17 버클을 달 부분을 커터칼 혹은 가죽칼로 깎아낸다(0.5mm 정도).

CHECK

이 책에서는 기본적으로 커터칼을 사용하지만, 익숙해지면 유리판 위에서 가죽칼로 깎아낸다. 칼날이 잘 미끄러지고 걸리는 것이 없어 쉽게 깎을 수 있다.

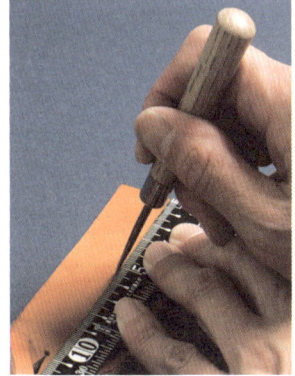

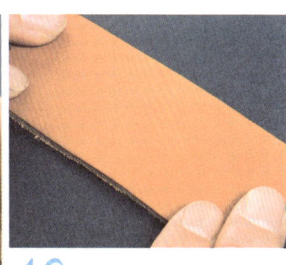

18 한쪽 끝에서 100mm 남겨둔 부분에 버클을 단다. 끝에서 50mm 지점에 송곳으로 표시하고, 가운데 금속장식을 넣을 긴 보조선을 긋는다.

19 구멍을 길게 뚫을 때는 홈이 긴 펀치를 이용한다.

20 보조선에 홈이 긴 펀치를 대고 수직이 된 것을 확인한 다음 나무망치로 쳐서 뚫는다.

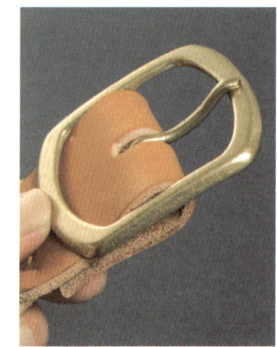
21 버클을 임시로 껴보고 움직임에 문제가 없는지 확인한다.

22 접은 것이 펴지지 않도록 가볍게 쳐서 길들인다. 칠 때는 가죽 조각을 대서 흠집이 나지 않도록 한다.

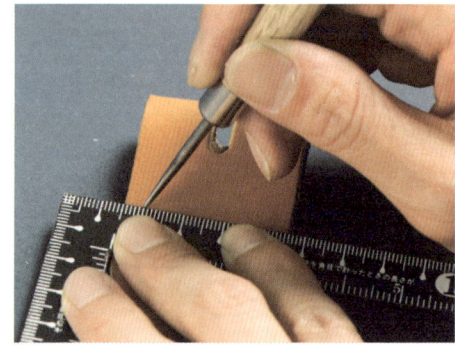
23 버클을 달기 위해 바느질할 보조선을 긋는다. 이 부분은 직선으로 꿰맨다.

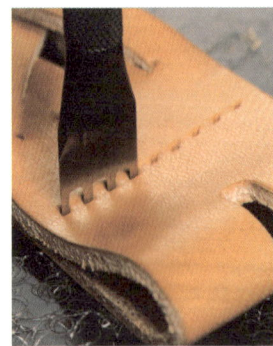

24 가죽을 반으로 접고 목타로 구멍을 뚫는다. 완전히 뚫지 않고 아래쪽 가죽은 뒷면에서 뚫으면 깔끔하다.

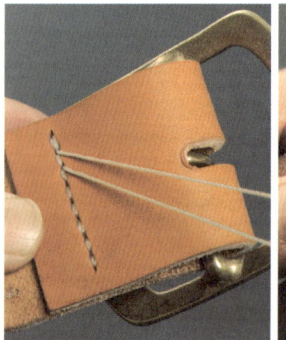

25 버클을 넣고 꿰맨다. 마지막에 두 땀 박음질을 하고 라이터로 실을 녹여 고정시킨다.

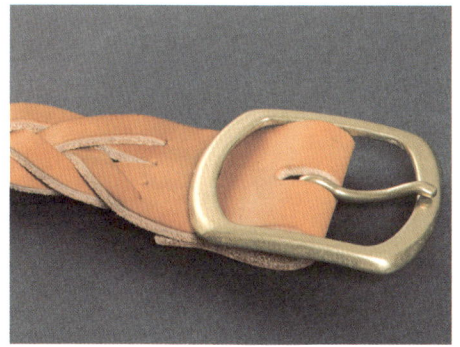

26 버클을 달았다. 실제로 쓸 때 걸리는 부분이 있을 수 있으므로 움직임을 다시 한 번 확인한다.

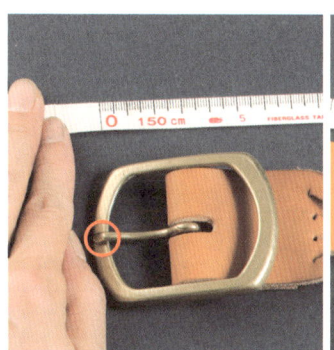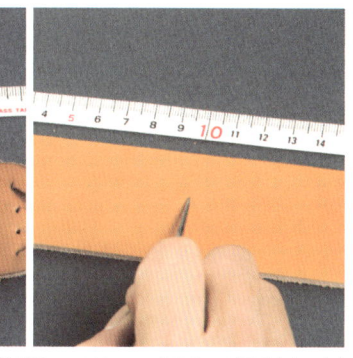

27 버클의 핀 끝과 줄자의 끝을 맞추고 1,100mm 지점에 표시를 한다. 이것이 벨트의 총길이가 된다.

28 위에서 25mm 지점까지 선을 긋는다. 아래쪽은 1,100mm에서 50mm 앞을 비스듬하게 연결한다.

29 커터칼로 자르고 각을 1~2mm 정도 깎는다. 벨트의 총 길이는 남자는 1,100~1,200mm, 여자는 1,050mm가 기준이다.

30 벨트 끝에서 150mm 지점에 펀치로 첫 번째 벨트 구멍을 뚫는다. 이후 25mm 간격으로 다섯 개의 벨트 구멍을 뚫는다.

31 구멍을 다 뚫고 나면 마법 엮기를 한 벨트가 완성된다. 마지막으로 측면을 다듬으면 더욱 좋다.

● 레이스 벨트 ●

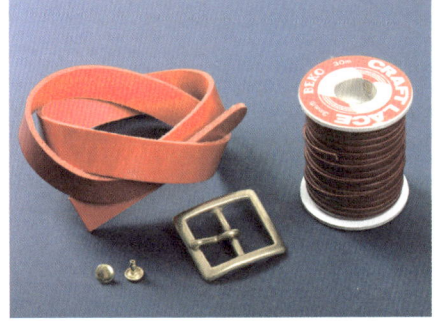
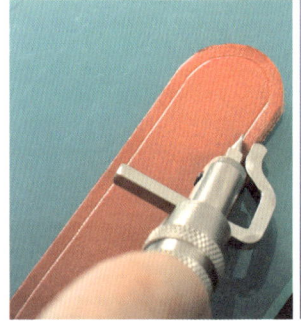
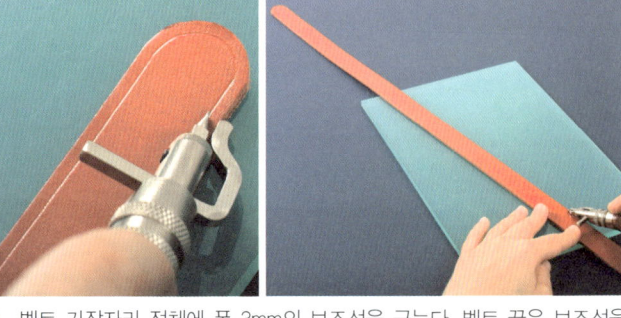

1 90cm씩 파는 레이스로는 10cm~15cm밖에 감지 못한다. 여기서는 15m 정도가 필요하다.

2 벨트 가장자리 전체에 폭 3mm의 보조선을 긋는다. 벨트 끝은 보조선을 긋기 전에 둥글게 잘라둔다.

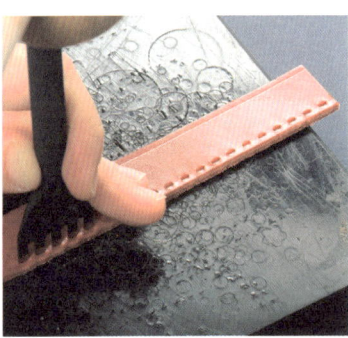
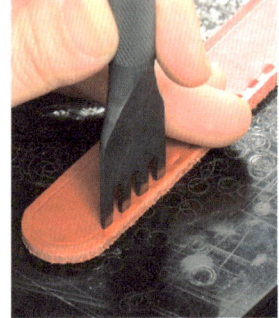

3 보조선을 따라 일반 목타로 구멍을 뚫는다. 한 날을 끝으로 빼고서 뚫는다.

4 벨트 끝에 다다르면 날 수가 적은 목타로, 곡선에 접어들기 전에 구멍의 위치와 수를 조절한다.

POINT

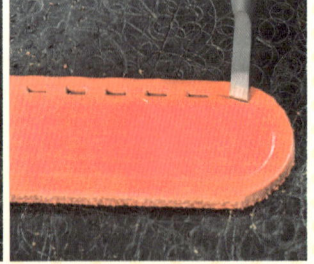
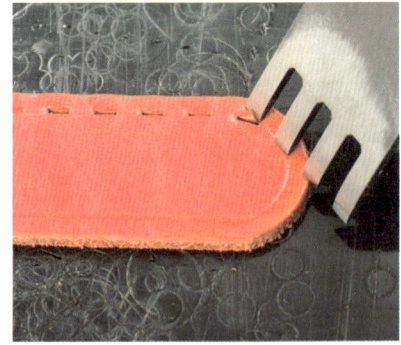

5 4날 목타로 다음 구멍의 위치를 살짝 표시한 뒤 1날 목타로 바꿔서 구멍을 뚫는다. 곡선 부분은 이 과정을 반복하여 구멍의 위치(간격)와 수를 조정한다.

6 1날 목타로 구멍을 뚫은 후 4날 목타로 다음 구멍의 위치를 표시한다.

처음 시작하는 가죽공예

  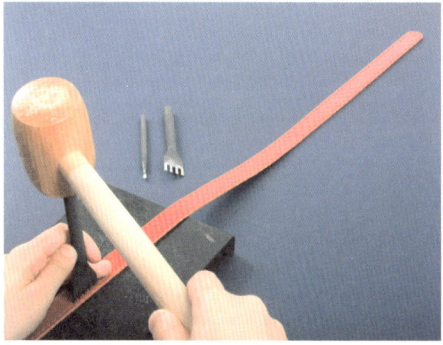

7 곡선이 끝나면서 보조선에서 벗어나지 않게 되면 다시 4날 목타로 구멍을 뚫는다.

8 목타를 적절히 바꿔가면서 구멍을 뚫는다. 직선에서 구멍을 뚫을 때는 효율적인 5날 목타를 이용한다.

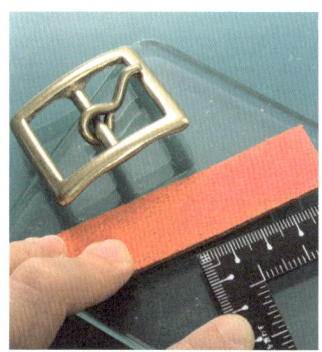 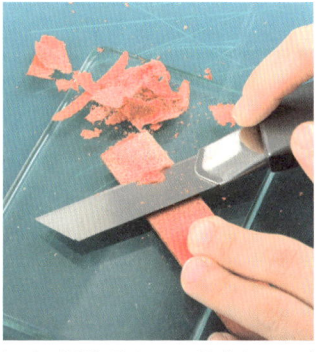 

9 버클을 끼울 부분의 가죽을 깎는다. 이 가죽은 폭 20mm, 두께 3.3mm이다. 약 0.5mm 정도 깎아낸다.

10 끝에서 35mm 지점에 표시하고 길이 21mm의 펀치로 가운데에 긴 구멍을 낸다.

CHECK

홈이 긴 펀치가 없다면 먼저 금속장식을 고정할 길이를 재고 가운데를 띄워두고 펀치로 구멍을 뚫는다. 이어서 구멍의 바깥 원을 직선으로 연결하는 보조선을 긋고 커터칼로 자른다. 깔끔하게 긴 구멍이 뚫렸다.

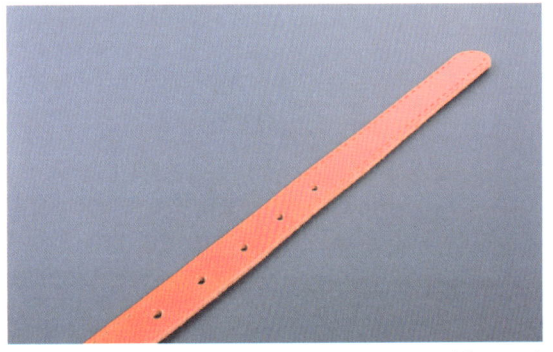

11 벨트 끝에서 150mm 지점에 첫 번째 벨트 구멍을 뚫는다. 이후 25mm 간격으로 다섯 개의 구멍을 뚫는다.

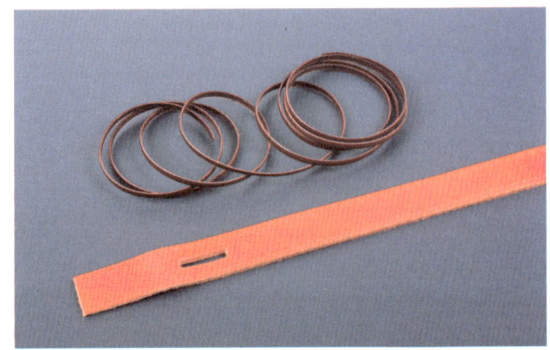

12 레이스는 90cm 정도가 적당하다. 이 길이면 약 10~15cm 를 감을 수 있다.

13 레이스는 목타 구멍보다 두껍기 때문에 레이스용 송곳으로 구멍을 넓히면서 감는다. 감는 방법은 앞의 레이스 휘감기 부분 참조.

14 코가 촘촘한지 항상 확인하고 균일하게 조절하면서 감는다.

15 곡선에 다다랐다. ○로 표시한 네 개의 구멍은 측면을 전부 가리기 위해 직선과는 약간 다르게 감는다.

 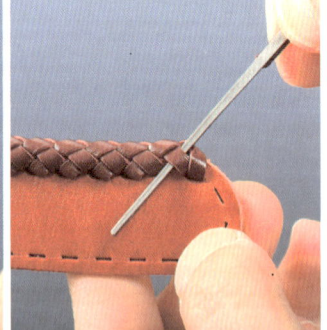

16 한 번 감은 구멍에 다시 바늘을 넣는다. 즉 구멍 하나에 레이스를 두 번 감는다. 다시 처음에 감은 레이스 사이로 바늘을 넣는다.

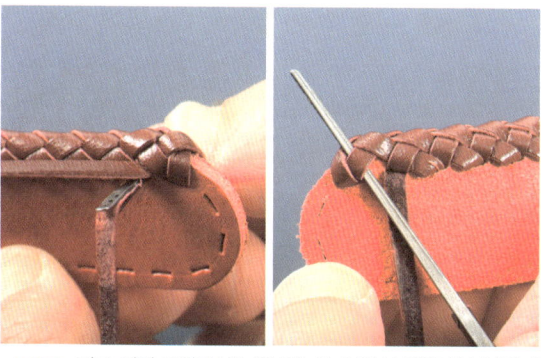

17 바로 뒤의 구멍에 바늘을 넣는다. 이어서 안쪽에서 첫 번째로 감은 레이스 밑으로 바늘을 넣은 뒤 앞으로 가져온다.

18 다음 구멍에 레이스를 감는다. 16, 17을 반복하여 15에서 표시한 네 곳을 같은 방법으로 감는다.

19 끝에 도착했다. 마지막까지 레이스를 감은 뒤 가볍게 당기면서 여분의 틈이 없는지 확인한다.

20 레이스를 반대로 꺾은 뒤 송곳 등에 본드를 묻혀 접은 부분에 바른다. 남은 레이스는 자른다.

21 처음에 남겨둔 여분의 레이스도 본드로 고정시킨 후 잘라낸다.

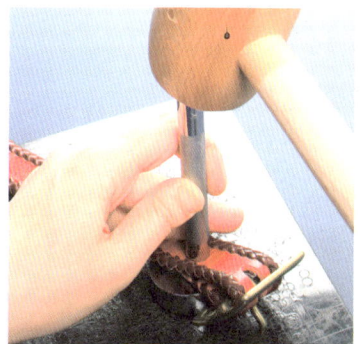

22 마지막으로 버클을 리벳으로 고정한다. 고정 방법은 앞의 금속장식 달기 참조.

23 레이스를 감은 벨트가 완성되었다. 손수 만든 느낌이 물씬 나는 부드러운 질감의 벨트다.

● 아일렛 벨트 ●

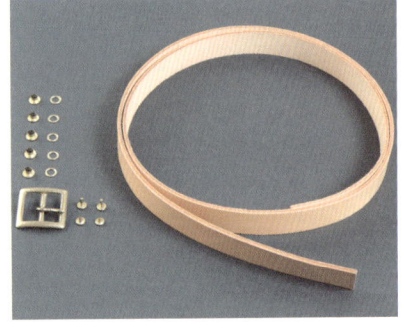

1 타닌 무두질만 한 폭 30mm의 베이직한 소가죽을 사용한다. 벨트 구멍에 끼울 아일렛과 버클, 리벳 두 개를 준비한다.

2 버클을 고정할 부분을 0.5mm 정도 가죽을 깎아낸다. 끝에서 45mm 지점에 길이 21mm의 긴 구멍을 뚫는다. 가죽을 두 겹으로 접어 측면에서 8mm 위치에 송곳으로 표시를 한다.

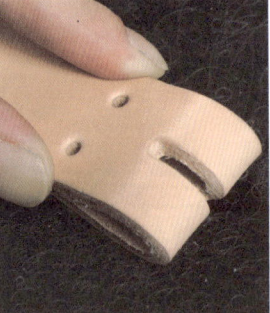

3 2에서 표시한 곳에 리벳용 구멍을 뚫는다.

4 긴 구멍을 반으로 접고 송곳으로 표시를 낸다. 폭 30mm를 삼등분하는 위치에 리벳을 달면 너무 가깝기 때문에 살짝 떨어진 위치에 구멍을 내는 것이 포인트.

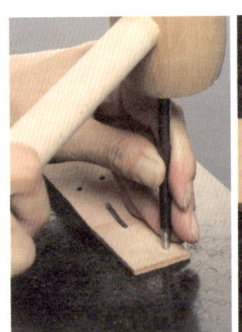
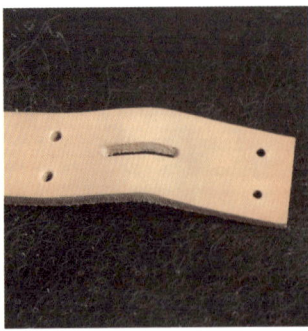

5 접은 가죽을 편다. 송곳으로 표시한 위치를 참고하여 펀치로 뒷면에서 구멍을 뚫는다.

6 리벳을 끼우고 손으로 눌러 살짝 고정시킨다. 그대로 금속판에 올려두고 두드린다.

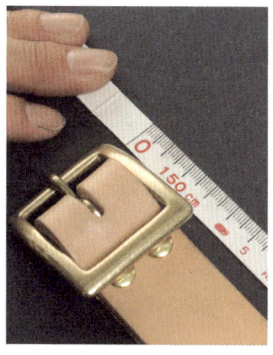

7 버클 끝에서 1,100mm 되는 지점에서 가죽을 자른다. 여성용은 1,050mm가 기준이다.

8 벨트 끝에 모양을 내는 전용 공구가 있다. 이것으로 벨트 끝을 잘라내 모양을 낸다.

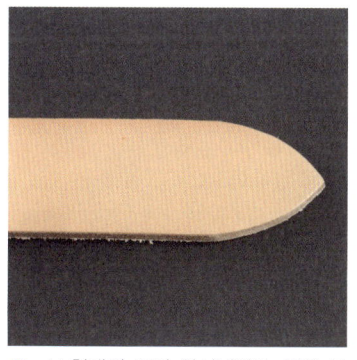

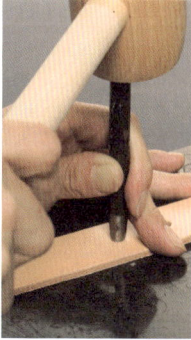
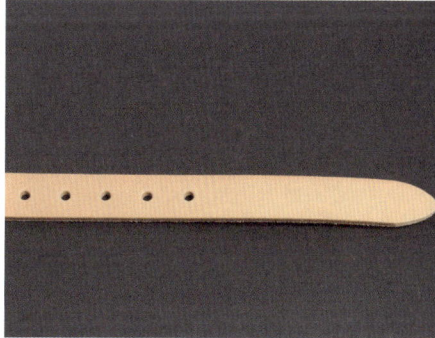

9 V 형태의 끝이 완성되었다. 전용 공구가 없다면 커터칼로 자른다.

10 끝에서 150mm 지점에 송곳으로 첫 번째 벨트 구멍 표시를 한다. 이후 25mm 간격으로 총 다섯 개의 표시를 하고, 20호 펀치로 둥글게 뚫는다.

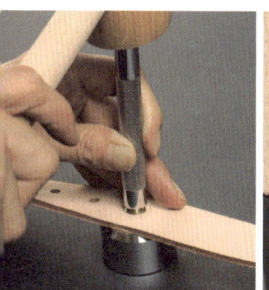
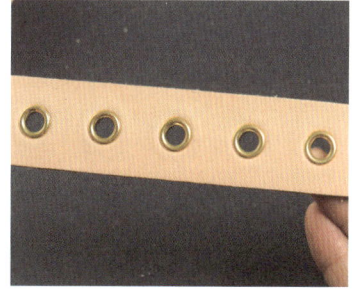
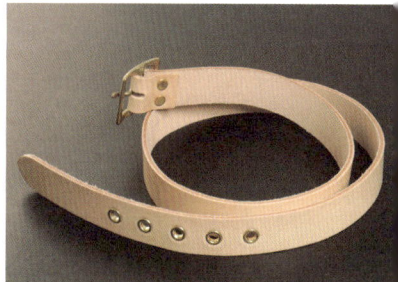

11 벨트 구멍에 아일렛을 박는다. 와셔의 방향에 주의한다.

12 아일렛을 전부 박는다. 손으로 만졌을 때 돌아가면 고정이 덜 된 것이다.

13 리벳까지 박으면 완성. 측면을 다듬으면 더 좋다.

가죽 트레이
LEATHER TRAY

점퍼버튼으로 소품을 만든다

직사각형 가죽 한 장으로 만들 수 있는 가죽 트레이는 네 귀퉁이를 점퍼버튼으로 마무리한다. 간단하게 만들 수 있으며, 사용하지 않을 때는 접어서 들고 다닐 수도 있어 실용성 또한 뛰어나다.

직사각형 가죽 네 귀퉁이에 점퍼버튼이 달린 심플한 트레이로 형태는 간단하지만, 총 여덟 곳에 점퍼버튼을 달기 때문에 정확하게 작업해야 한다. 점퍼버튼을 다는 위치가 조금만 벗어나도 완성된 형태에 큰 영향을 미치기 때문이다. 사용하지 않을 때나 휴대할 때는 아래의 사진처럼 반으로 접을 수 있어 자리도 차지하지 않는다.

형지

166%로 확대하여 사용한다

본체는 심플한 직사각형 형태이다. 네 귀퉁이의 점퍼버튼용 구멍은 정확히 길이를 잰 뒤 뚫는다. 점퍼버튼을 달 위치가 어긋나면 완성되었을 때 형태가 일그러질 수 있다.

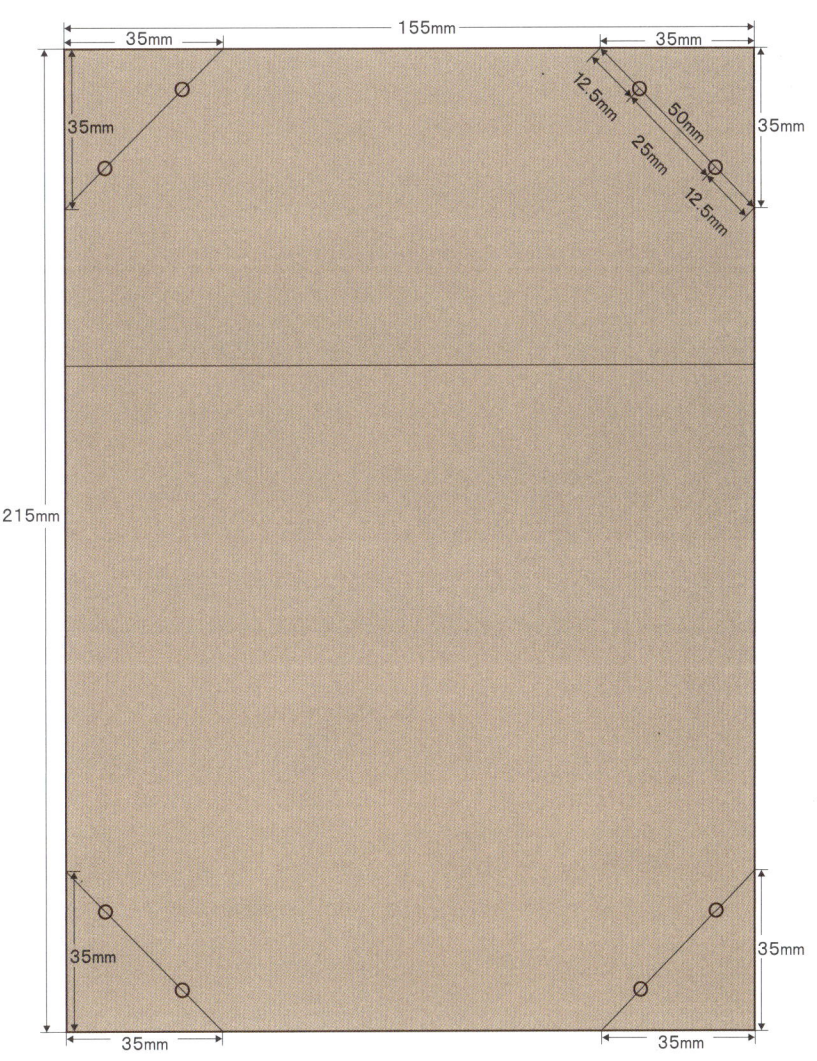

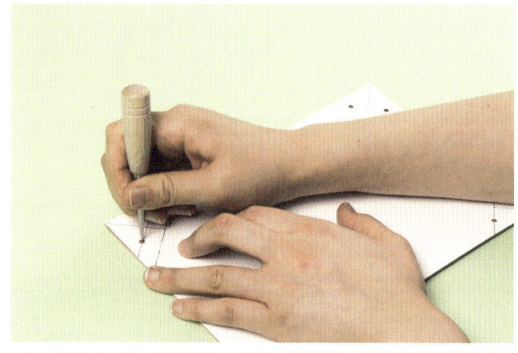 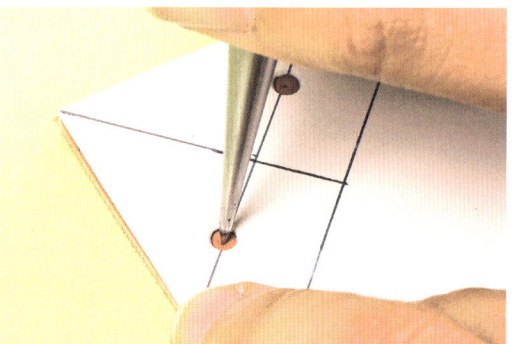

1 형지의 치수에 맞춰 가죽을 자른다. 송곳을 이용해 점퍼버튼을 달 위치에 표시를 한다. 모서리 하나당 두 곳, 총 여덟 곳에 되도록 원의 중심에 표시를 한다.

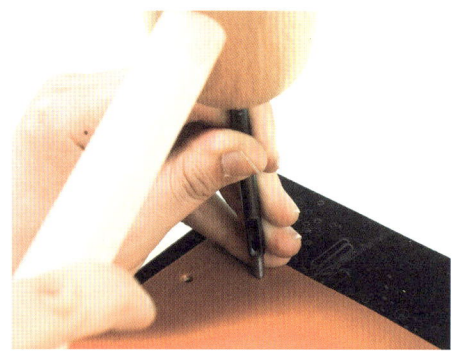 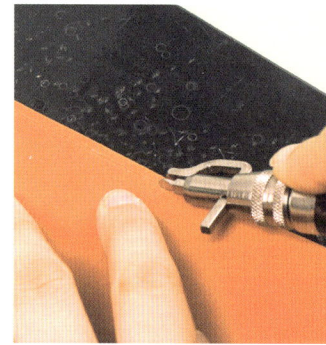

2 펀칭으로 점퍼버튼을 달 위치에 구멍을 뚫는다. 펀칭은 8호 ∮2.4mm를 사용한다.

3 멀티 스티칭 그루버로 바느질을 할 보조선을 긋는다.

 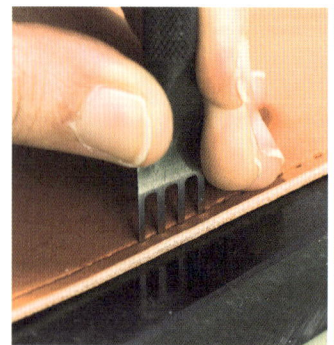

4 다이아몬드 목타를 보조선에 대고 가볍게 누르며 구멍을 뚫을 위치에 표시를 남긴다.

5 다이아몬드 목타를 칠 위치를 확인했다면 나무망치로 쳐서 구멍을 뚫는다.

처음 시작하는 가죽공예

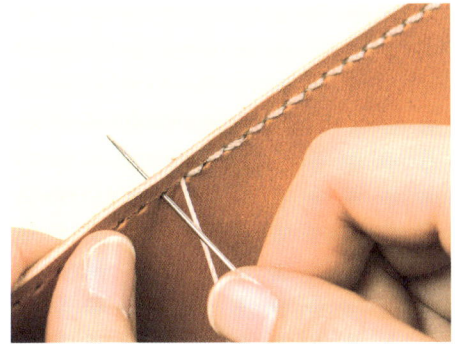

6 직사각형의 가장자리를 빙 둘러 꿰맨다. 여기서는 가죽과 가죽을 이어서 꿰매지 않으므로 바늘땀이 가지런하도록 유의한다.

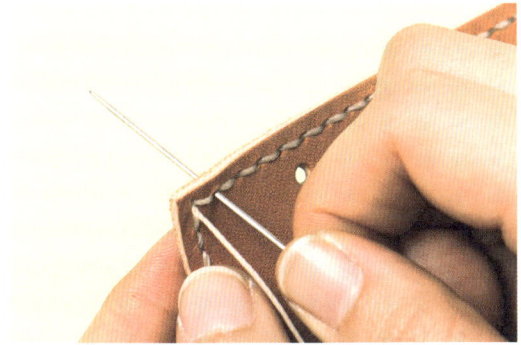

7 한 바퀴를 다 꿰맨 후 한 땀 박음질을 한다. 한 땀만 박음질을 해도 충분히 튼튼하다.

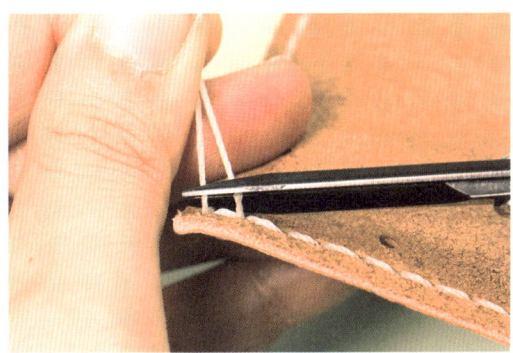

8 남은 실을 가로로 자른다. 실 두 가닥을 한 데 들고 2~3mm 정도 남겨두고 자른다.

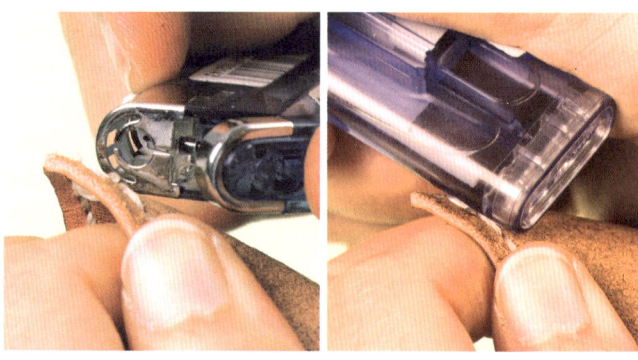

9 남은 실은 라이터로 녹여 고정시킨다. 너무 녹이면 가죽이 타므로 화력을 약하게 한다.

10 실이 오그라들면 라이터 바닥으로 눌러 붙인다. 손으로 만지면 화상의 위험이 있으므로 주의한다.

11 처음에 뚫은 구멍에 점퍼버튼의 머리를 끼운다. 뒷면에 수단추를 대고 가볍게 눌러서 임시로 고정한다. 이 상태로 금속판에 놓고 두드려 고정시킨다.

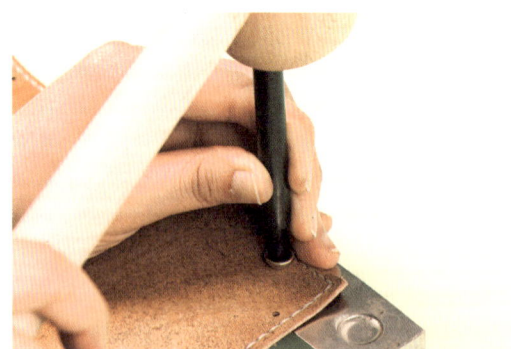

12 점퍼버튼용 누름쇠로 수단추의 다리를 두드린다. 내부에서 다리가 벌어지며 고정된다.

CHECK

수단추를 만져봤을 때 돌아간다면 제대로 고정되지 않은 것이다. 다시 치거나 새것으로 교환하여 단다.

13 수단추 옆에 암단추를 단다. 가죽을 사이에 두고 끼워 임시로 고정한 뒤 금속판 위에 올려둔다.

14 점퍼버튼용 누름쇠를 이용하여 금속판 위에 올려둔 버튼을 쳐서 고정시킨다.

CHECK

잘못 달거나 제대로 고정되지 않아 점퍼버튼을 다시 달 경우에는 방울집게를 이용한다. 제거하고자 하는 금속장식을 잡고 힘을 주면 뺄 수 있다. 한 번 제거한 금속장식은 다시 사용할 수 없으므로 새것으로 다시 단다.

15 총 여덟 곳에 수단추와 암단추를 달면 완성이다. 네 귀퉁이에서 금속장식끼리 끼우면 트레이가 된다.

16 아래 사진과 같이 접으면 작은 형태로 휴대할 수 있어 실용성도 높다.

지갑체인
LEATHER WALLET CHAIN

둥글게 엮기 · 평평하게 엮기를 익힌다

지갑에 걸어서 사용하는 지갑체인이다. 가죽의 느낌을 살린 세련된 것에서부터 비비드한 컬러를 조합한 것까지 그 종류도 다양하다. 가죽끈 색상도 다채로워 자신만의 작품을 만들 수 있다.

다양한 색상의 가죽끈이 있으므로 여러 색을 조합할 수도 있다. 옆의 세 작품만 봐도, 가죽의 색이 다르면 분위기도 크게 달라지는 것을 알 수 있다. 여기서는 엮는 방법이 다른 세 종류의 지갑체인을 소개한다. 엮는 순서에 주의하며, 개성 넘치는 작품을 만들어보자.

❶ 네 줄 평평하게 엮기
❷ 네 줄 둥글게 엮기(나선 모양)
❸ 네 줄 둥글게 엮기
　 (다이아몬드 모양)

● 네 줄 둥글게 엮기(다이아몬드 모양) ●

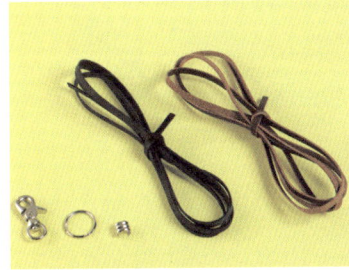

1 색이 다른 가죽끈 두 개와 후크, 이중 링, 끈을 고정할 금속장식을 준비한다. 먼저 가죽끈을 후크에 넣고 길이를 맞춘다. 갈색·갈색·검은색·검은색 순서로 늘어 놓고, 안쪽의 가죽끈을 교차시키면서 엮기 시작한다.

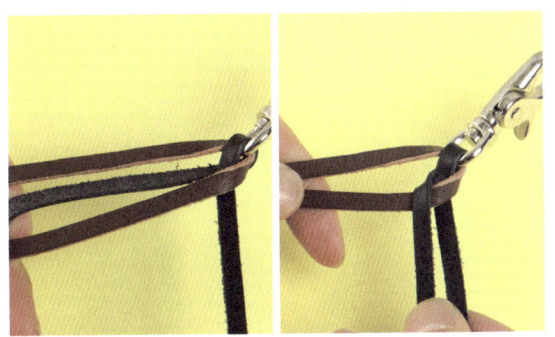

2 바깥쪽에 있는 검은 가죽끈을 두 갈색 가죽끈 사이로 뒤에서 넣고, 안쪽의 갈색 가죽끈에 감는다.

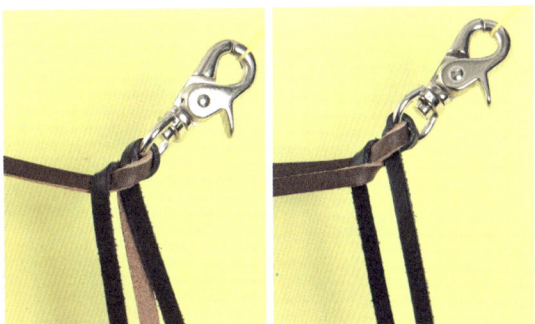

3 바깥쪽 갈색 가죽끈을 두 검은 가죽끈 사이로 뒤에서 넣고, 표면이 위를 향하도록 하여 안쪽의 검은 가죽끈에 감는다.

4 바깥쪽에 있는 검은 가죽끈을 두 갈색 가죽끈 사이로 뒤에서 넣고, 표면이 위를 향하도록 하여 앞으로 가져온다. 가죽끈을 감을 때는 엄지손가락으로 가죽끈을 단단히 누르고서 코가 느슨해지지 않도록 잡아당기며 엮는다.

5 마찬가지로 바깥쪽에 있는 갈색 가죽끈을 두 검정 가죽끈 사이로 뒤에서 넣고, 표면이 위를 향하도록 하여 감는다. 엄지와 검지로 코를 누르고 네 줄의 가죽끈을 각각 잡아당기면서 엮는다.

6 이후 원하는 길이가 될 때까지 4~5의 공정을 반복한다.

7 코의 길이가 30cm 정도가 될 때까지 같은 순서로 엮는다.

8 길이가 30cm에 가까워지면 바깥쪽 끈에 이중 링을 끼운다.

9 4~5의 순서대로 바깥쪽의 갈색 가죽끈을 두 검정 가죽끈 사이로 뒤에서 넣은 뒤 앞으로 가져온다. 이중 링은 손가락으로 누른다.

10 이중 링을 끼운 뒤 한 코를 엮는다. 여기서는 9에 이어서 검은 가죽끈을 엮고 있다. 갈색, 검정색을 순서대로 한 번씩 엮으면 된다.

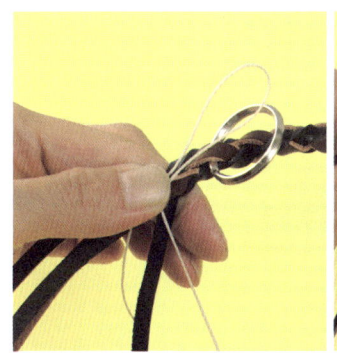

11 마사를 50cm 정도 준비하여 끝에서 10cm쯤에서 반으로 접은 뒤, 가죽끈의 코 부분에 대고 감는다.

12 손가락으로 코를 누른 채 다섯 번 정도 틈이 벌어지지 않도록 촘촘하게 감는다.

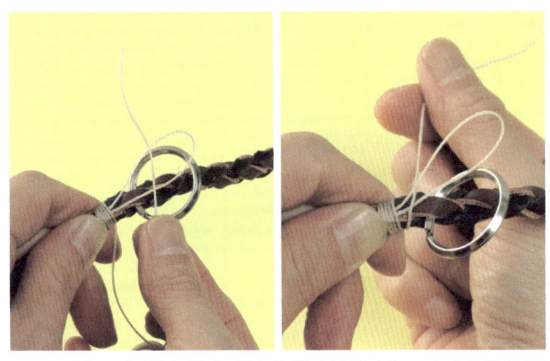
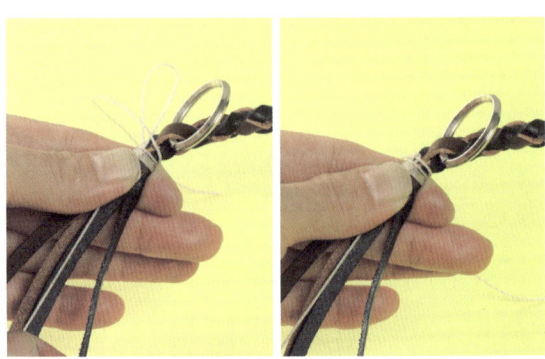

13 실 끝에 생긴 원에 감았던 실의 끝을 넣고 빠지지 않을 정도로 잡아당긴다. 코는 단단히 누른다.

14 원에서 실 끝이 빠져나가지 않도록 하면서 아래쪽에 있는, 반으로 접은 실의 끝을 잡아당긴다.

15 아래쪽의 실 끝을 잡아당기면 원이 작아지면서 매듭이 되어 감았던 실 안으로 들어간다.

16 원에 넣었던 실도 잡아당겨, 감은 실 안에서 매듭의 위치를 조절한다. 마지막으로 양쪽의 실을 잡고 죈다.

17 남은 실을 5mm 정도 남겨두고 가위로 자른다.

18 남은 실을 라이터로 지져 매듭과 같은 면에 집어넣고 고정시킨다.

19 끈을 고정할 금속장식을 단다. 실을 감은 곳을 감싸듯이 끼운다.

20 펜치로 금속장식을 문다. 금속장식에 상처가 나지 않도록 자투리 가죽 등을 사이에 끼우고서 힘을 준다.

21 금속장식은 먼저 한쪽만 안으로 구부린다.

22 이어서 다른 쪽도 구부려 완전히 고정시킨다.

23 손으로 만져서 움직이지 않는지, 밖으로 실이 보이지 않는지 잘 확인한다.

24 남은 가죽끈의 길이를 맞추고 비스듬하게 자른다. 수평으로 잘라도 재미있다.

25 다 엮고 나서 보면 코가 가지런하지 않을 때가 많으므로, 가볍게 비틀어서 정리한다. 코가 가지런해지면 완성이다.

● 네 줄 둥글게 엮기(나선 모양) ●

1 두 가지 색상의 가죽끈과 후크, 이중 링, 끈을 고정할 금속장식을 준비한다. 먼저 가죽끈을 후크에 넣고 끝을 같은 길이로 맞춘다. 각 색끼리 교차시킨 뒤 엮기 시작한다.

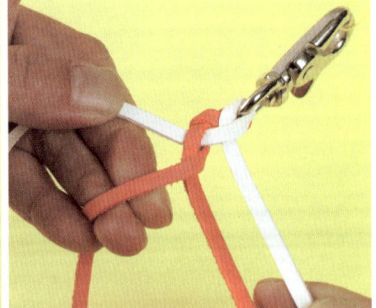

2 안쪽의 가죽끈을 교차시킨다. 주황색, 흰색, 주황색, 흰색 순이 되면 둥글게 엮기를 시작한다.

3 왼쪽 바깥에 있는 주황색 가죽끈을, 오른쪽의 흰색과 주황색 가죽끈 사이로 뒤에서 넣는다. 표면이 위를 향하도록 하면서 안쪽 주황색에 감는다.

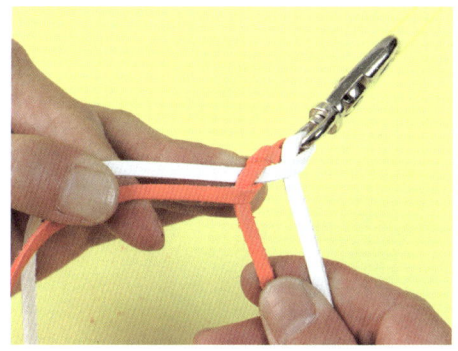

4 코가 느슨해지지 않도록 옆으로 잡아당기면서 촘촘하게 엮는다.

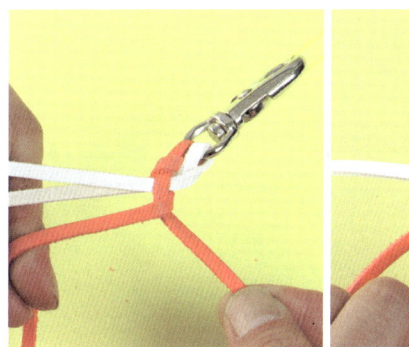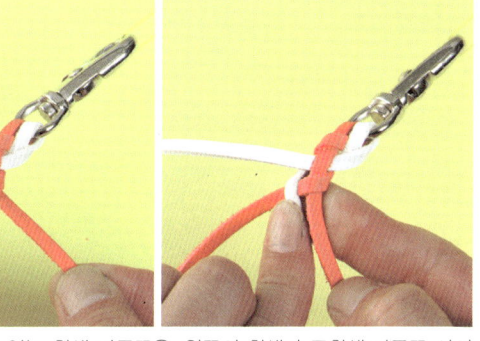

5 오른쪽 바깥에 있는 흰색 가죽끈을, 왼쪽의 흰색과 주황색 가죽끈 사이로 뒤에서 넣은 뒤 앞으로 가져온다.

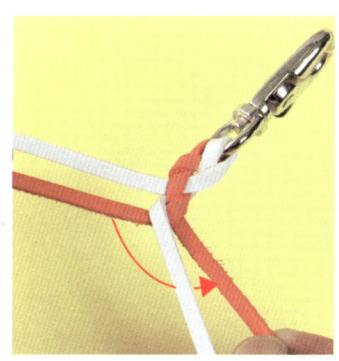

6 왼쪽 바깥에 있는 흰색 가죽끈을, 오른쪽의 주황색과 흰색 사이에 넣는다. 기본적으로 바깥쪽의 가죽끈을 반대쪽의 두 끈 사이로 뒤에서 넣고 안쪽 끈에 감는다.

7 이후 원하는 길이가 될 때까지 3~6의 순서를 반복한다.

8 코가 느슨해지지 않도록 잡아당기면서 30cm 정도까지 엮는다. 점차 비스듬하게 나선 모양이 나오기 시작한다.

9 원하는 길이가 되면 이중 링을 끼운다. 바깥쪽 가죽끈에 끼우고 그 후 한 코를 엮는다.

10 마사로 코를 고정시킨 뒤 실이 보이지 않도록 금속장식을 단다.

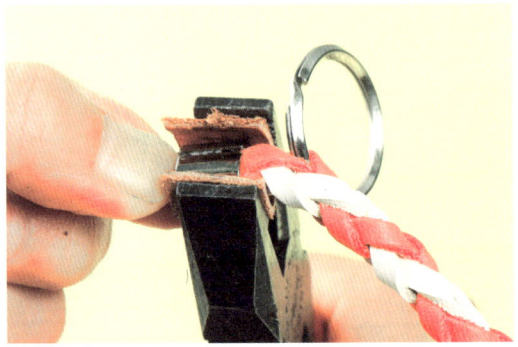

11 끈을 고정할 금속장식을 누른다. 금속장식에 상처가 나지 않도록 자투리 가죽을 끼우면 좋다.

12 금속장식을 달고 나면 코는 완전히 고정된다. 금속장식이 움직이지 않는지 확인한다.

13 남은 가죽끈을 가위로 자른다. 취향에 따라 다르지만 10cm 정도 남겨두고 자르면 보기 좋다.

14 비틀린 가죽끈을 풀어주기 위해 살짝 역 방향으로 돌리면서 코를 가지런히 정리한다. 코가 가지런해지면 완성이다.

처음 시작하는 가죽공예

● 네 줄 평평하게 엮기 ●

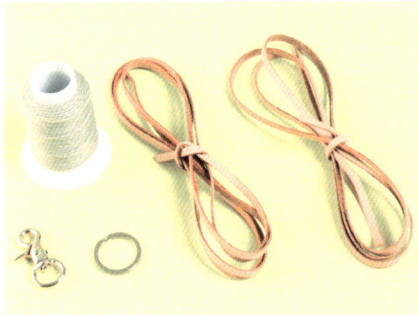

1 가죽끈은 동일한 색을 사용한다. 그 외에 후크, 이중 링, 마사를 준비한다.

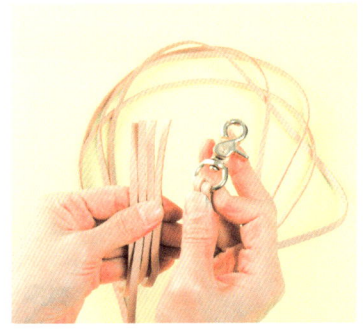

2 가죽끈을 후크에 넣고 끝을 같은 길이로 맞춘다.

3 나선 모양 엮기를 할 때와 마찬가지로, 각 가죽끈끼리 교차시킨다.

4 따로따로 교차시킨 후 안쪽에 있는 가죽끈을 서로 교차시킨다. 이어서 왼쪽에 있는 가죽끈을 오른쪽 가죽끈 위로 포갠다. 그리고 가장 오른쪽에 있는 가죽끈을, 표면이 위를 향하게 하면서 안쪽으로 엮는다. 둥글게 엮기와 달리 뒤쪽에서 넣지 않는다.

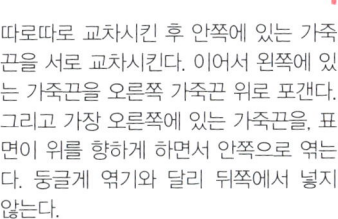

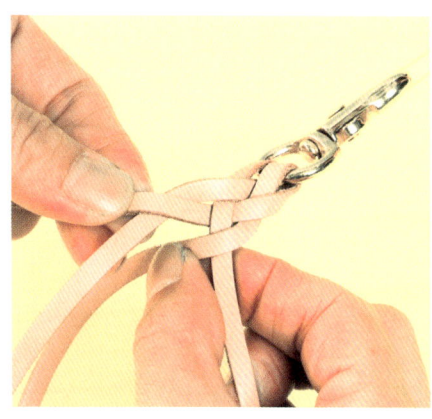 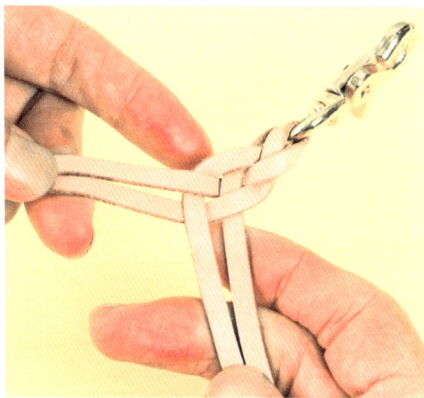

5 가장 왼쪽에 있는 가죽끈을 아래로 교차시켜 넣는다. 그리고 오른쪽에서 교차한 가죽끈 위에 포갠다. 코가 느슨해지지 않도록 잡아당긴다.

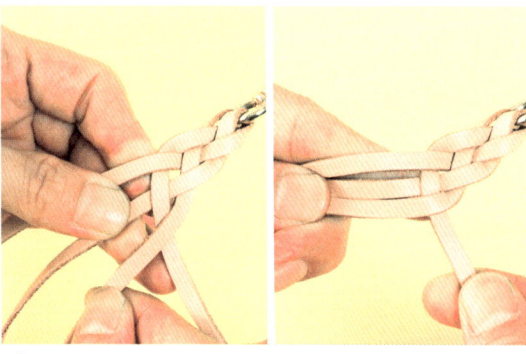 

6 가장 오른쪽에 있는 가죽끈을 위로 교차시켜서 왼쪽으로 가져온다.

7 가장 왼쪽에 있는 가죽끈을 밑으로 교차시킨다. 그대로 오른쪽에서 교차한 가죽끈 위에 포갠 뒤 잡아당긴다.

8 6~7의 과정을 반복하면서 길이가 약 30cm 정도가 될 때까지 엮는다.

9 원하는 길이에 가까워지면 이중 링을 끼운다. 여기서는 평평한 이중 링을 사용한다.

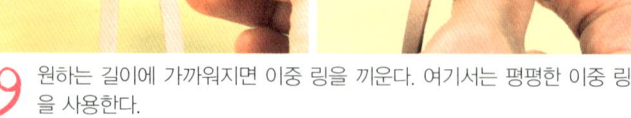

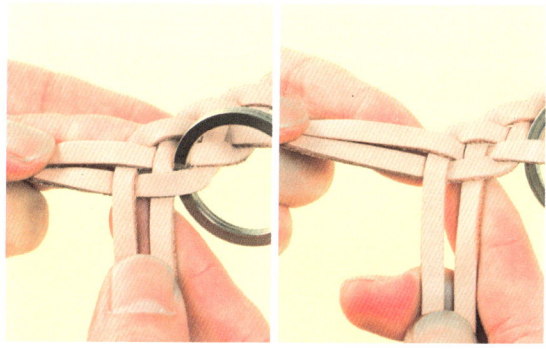
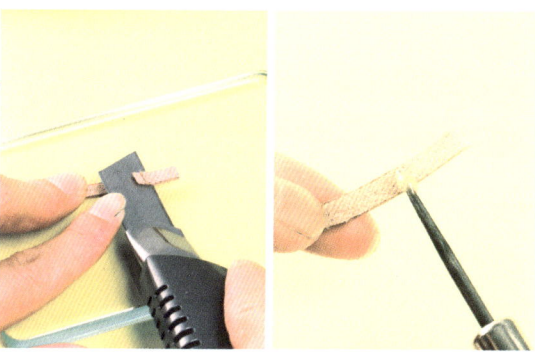

10 이중 링을 끼운 상태로 한 코를 엮는다. 엮기가 끝나면 마사를 50cm 정도 준비해 코를 고정시킨다.

11 코를 고정시킨 실은 가죽끈으로 가린다. 20cm 정도의 가죽끈을 준비해 양끝을 커터칼로 깎아내고 한 쪽에 본드를 바른다.

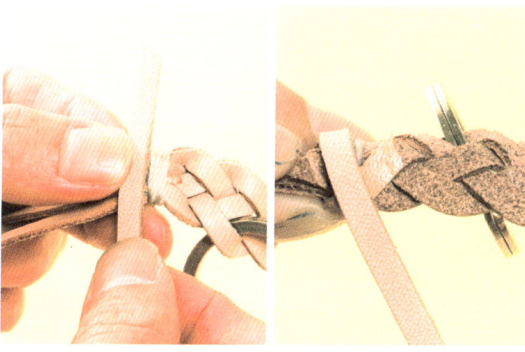

12 본드를 바른 가죽끈을 실 위에 감는다. 네 번에서 다섯 번 정도 겹치지 않도록 감는다.

13 남은 가죽끈 끝에 본드를 바르고 감은 곳의 틈으로 집어넣는다.

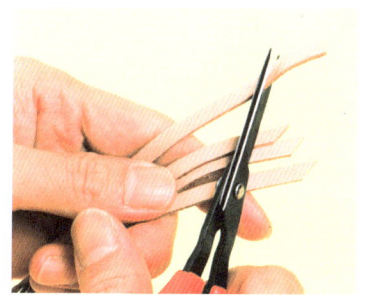

14 지갑체인의 남은 가죽끈은 10cm 정도 두고 자른다. 비스듬하든 평평하든 원하는 대로 한다.

15 엮는 과정에서 비틀어진 모양을 바로잡는다. 본드가 마르면 완성이다.

열쇠지갑
KEY CASE

레이스 휘감기를 익힌다

'휘감기' 기법은 장식 효과도 만점이다. 여기서는 열쇠지갑의 가장자리를 휘감기 기법으로 꾸민다. 손바느질과는 또 다른 레이스 휘감기만의 멋이 느껴지는 작품을 만들 수 있다.

'휘감기'는 가죽에 구멍을 내 가죽끈으로 가장자리를 감는 기법으로, 두 장의 가죽을 잇는 것은 물론 장식 효과도 좋다. 여기서는 중후함이 느껴지는 '트리플 스티치'기법을 이용한다. 이 작품은 목타가 아닌 펀치로 큰 구멍을 뚫어서 만들기 때문에 비교적 가죽끈을 감기 쉽다. 가죽끈은 90cm의 길이로 여섯 개가 필요하다. 1회에 사용할 가죽끈이 긴 경우에는 꼬이지 않도록 주의한다.

형지

143%로 확대하여 사용한다

베이스가 되는 가죽에 세 장의 조각을 붙인다. 실로 꿰매는 것이 아니라 가장자리를 가죽끈으로 휘감기 때문에 각 조각이 겹치도록 정확히 잘라야 한다. 금속장식은 가죽용품점에 다양하게 준비되어 있다.

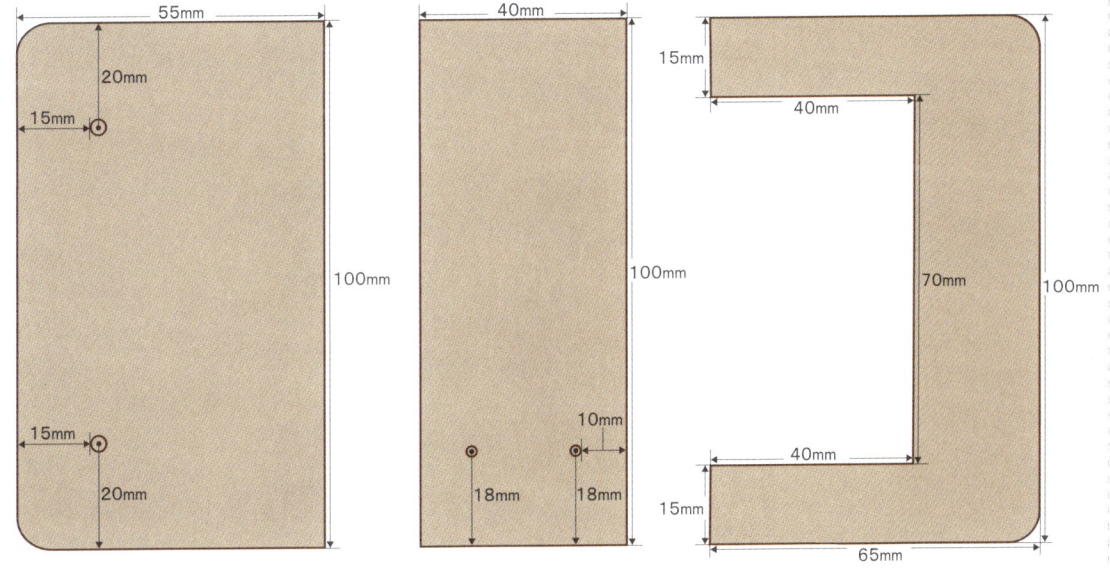

1 잘라낸 가죽 위에 본래 크기의 형지를 두고 금속장식 달 곳을 확인한 후, 되도록 원의 중심에 송곳으로 표시를 한다. 잘라낸 가죽과 형지를 정확히 맞춘 뒤, 패인 자국이 남도록 송곳 끝을 누른다.

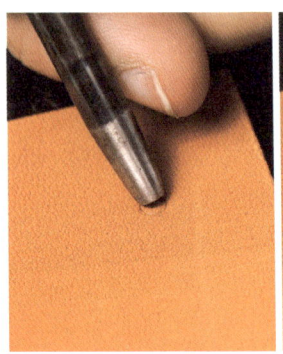  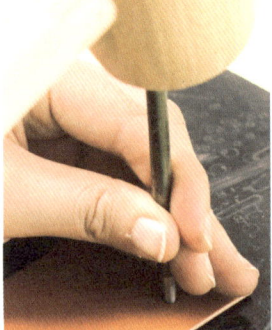 

2 송곳으로 남긴 자국을 중심으로 펀칭 위치를 정한다. 펀칭은 8호(∅2.4mm)를 사용한다.

3 펀칭의 위치를 한 번 더 확인한 후 위치를 맞추고 나무망치로 두드린다. 강하게 여러 번 치면 둥글게 뚫어진다.

4 본체 가죽에 형지를 대고 연결할 가죽의 위치를 송곳으로 남긴다.

5 양면테이프로 임시 고정을 하고 연결할 위치를 확인한다.

6 송곳 끝에 측면용 착색 마감제를 묻혀, 연결할 가죽의 측면에 칠한다.

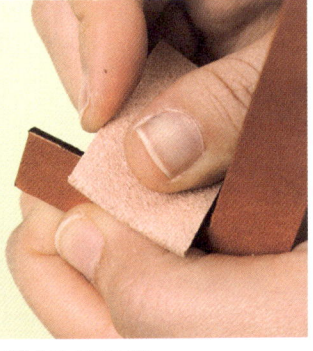

7 측면을 다듬는다. 자투리 가죽의 표면으로 문지르면 매끄러워진다.

8 이을 가죽에 양면테이프를 붙인 뒤, 본체 가죽과 위치를 맞춰 붙인다.

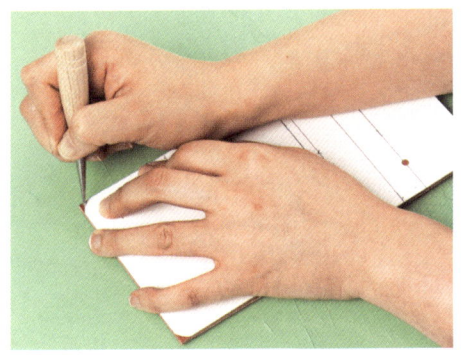

9 가죽의 네 귀퉁이는 형지를 참고하여 둥글게 자를 표시를 한다.

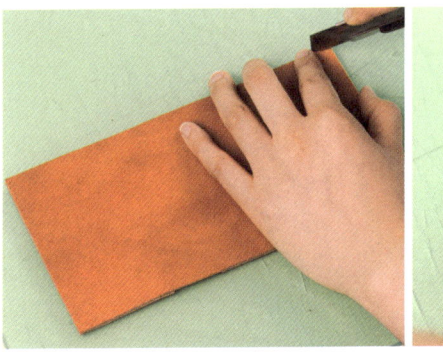

10 네 귀퉁이의 각을 커터칼로 잘라서 둥글게 만든다. 가죽이 두 장 겹쳐져 있어 자르기 어려우므로 커터칼의 날은 새것으로 준비한다.

CHECK

한 번에 둥글게 자르는 것이 아니라 직선 형태로 여러 번 나눠서 자른다. 네 귀퉁이 모두 같은 형태로 자른다.

11 멀티 스티칭 그루버로 바느질을 할 보조선을 긋는다. 보조선은 4mm 폭이다.

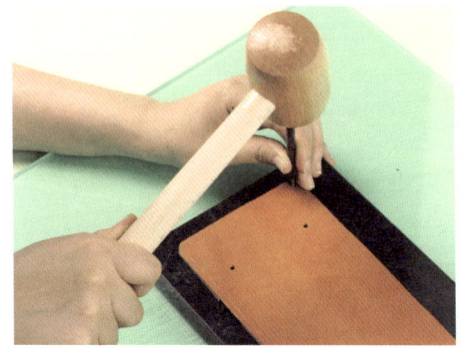

12 3공 펀치를 보조선에 대고 구멍 뚫을 위치를 확인한다. 모서리 부분에서 구멍 위치가 일정하도록 조정한다.

13 나무망치로 3공 펀치를 쳐서 뚫을 곳을 확인하면서 휘감을 구멍을 뚫는다.

14 가죽이 두 겹인 곳은 힘이 필요하므로 강하게 친다. 펀치는 보조선 가운데에 맞춘다.

15 구멍을 전부 뚫은 상태. 네 귀퉁이에서 구멍 위치가 일정하도록 사전에 위치를 확인하는 것이 중요하다.

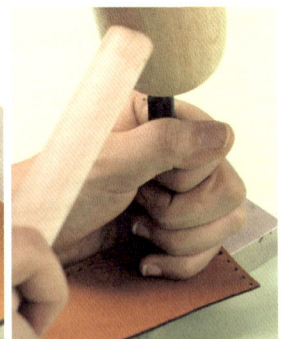

16 점퍼버튼을 단다. 각 가죽에 뚫은 구멍에 점퍼버튼의 안팎을 확인하고 손으로 끼워넣는다.

17 나무망치와 누름쇠, 금속판 등을 써서 점퍼버튼을 고정시킨다.

18 점퍼버튼이 잘 고정되었는지 확인한다. 돌아간다면 다시 한 번 강하게 친다.

19 열쇠를 걸 금속장식은 리벳으로 고정한다. 임시로 고정했던 것을 떼어낸 뒤, 안쪽에서 다리를 끼우고 바깥쪽에서 머리를 끼운다.

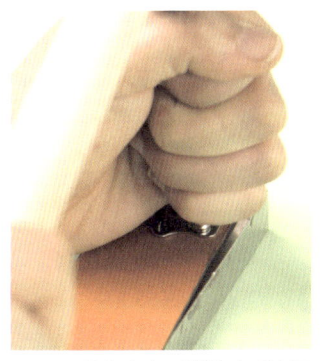  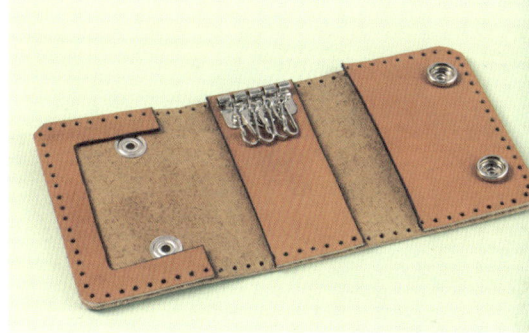

20 금속판과 리벳용 누름쇠로 고정시킨다.

21 각 조각에 다시 양면테이프를 붙이고 위치를 확인한 뒤 맞붙인다.

22 금속장식을 단 상태. 구멍 위치가 어긋나지 않도록 양면테이프로 가죽을 맞붙인다.

23 레이스를 휘감는다. 열쇠를 달 곳의 아래쪽부터 휘감기 시작한다.

24 레이스 끝을 한 번 감은 뒤 한 칸 뒤에 넣고 감기 시작한다.

25 끝을 고정했다면 다음 구멍에 바늘을 넣는다. 레이스의 겉면과 안쪽 면에 주의한다.

26 한 칸 뒤로 돌아가. ○안에 있는 두 줄의 레이스 밑으로 바늘을 넣는다.

27 다음 구멍에 바늘을 넣는다. 레이스는 항상 표면이 위를 향하도록 하고 바늘을 넣는다.

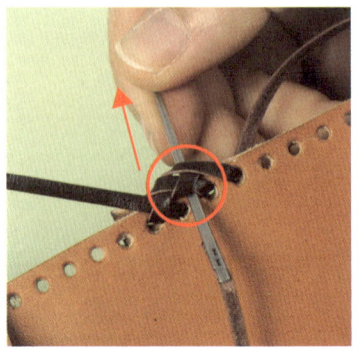

28 ○안에 있는 세 줄의 레이스 밑으로 바늘을 넣는다. 27~28의 공정을 반복한다.

29 레이스가 짧아지면 바늘에서 레이스를 빼고 커터칼로 깎아 다음 레이스와 잇는다.

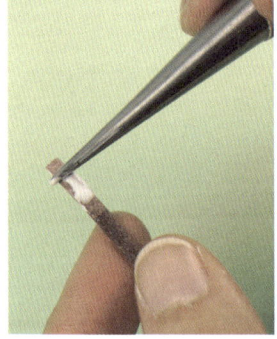

30 이을 레이스의 끝도 깎아낸 뒤 본드를 발라 잇는다. 이 작품에서는 90cm 레이스 6개를 사용한다.

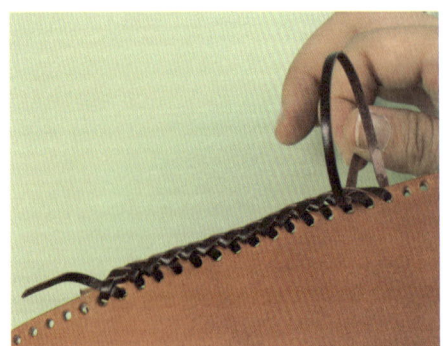

31 코를 가지런히 잘 정리하면서 직선 부분을 감는다.

32 곡선 부분의 측면은 잘 보이기 때문에 코를 여러 번 겹쳐서 휘감는다.

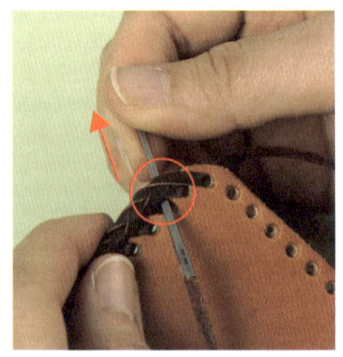

33 한 칸 뒤로 돌아가서 ○안에 있는 세 줄의 레이스 밑으로 바늘을 넣는다.

처음 시작하는 가죽공예

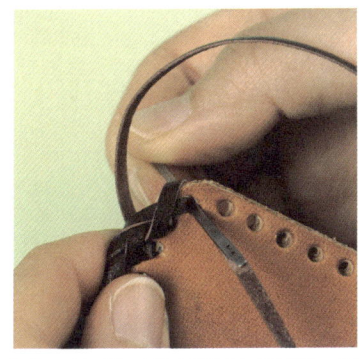

34 여기서 다음 구멍에 넣지 말고, 한 번 레이스를 감은 구멍에 다시 바늘을 넣는다.

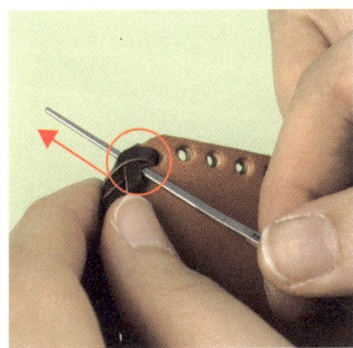

35 다시 한 칸 뒤로 돌아가서 ○안에 있는 세 줄의 레이스 밑으로 바늘을 넣는다.

36 다음 구멍에 바늘을 넣는다. 이 구멍까지는 레이스를 두 번 넣어서 감는다.

37 ○안의 세 레이스 밑으로 바늘을 넣고, 레이스를 감은 구멍에 다시 한 번 바늘을 넣는다.

38 구멍이 하나 남으면 잠시 작업을 멈추고, 처음의 레이스를 당겨서 뺀다.

39 레이스의 끝단이 풀렸다. 풀 때는 레이스 바늘이나 송곳 등 끝이 뾰족한 것을 이용한다.

40 계속해서 레이스의 끝단을 풀어낸다. 다음 사진을 함께 참조한다.

41 사진 40을 위에서 본 상태이다. 바늘에 레이스를 걸고서 한 코씩 풀어낸다.

42 한 번 더 레이스를 당겨서 구멍에서 빼낸다.

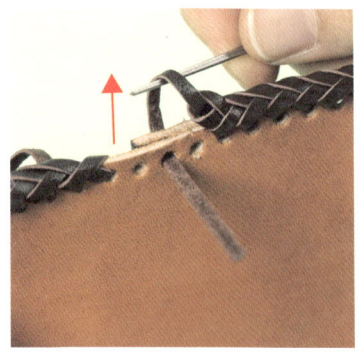

43 계속해서 한 코씩 조심스럽게 레이스 끝단을 구멍에서 뺀다.

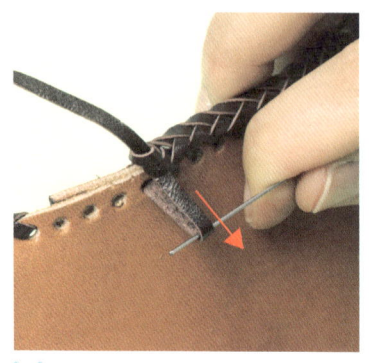

44 한 번 더 레이스를 풀어낸다. 힘을 많이 줘서 레이스가 늘어나는 일이 없도록 주의한다.

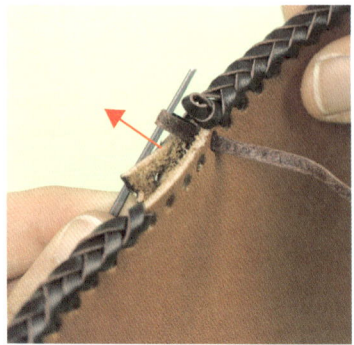

45 레이스를 마지막으로 풀어낸 부분. 여기까지 레이스를 풀었다면 마무리에 들어간다.

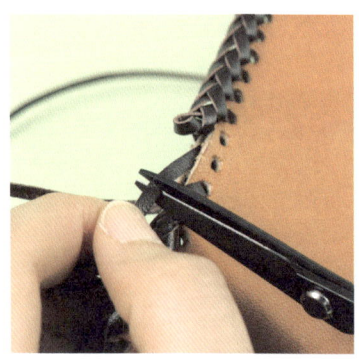

46 레이스의 끝단은 30mm 정도를 남겨두고 가위로 잘라낸다.

47 맞댄 가죽 사이에 레이스의 끝을 넣어 보이지 않도록 숨긴다.

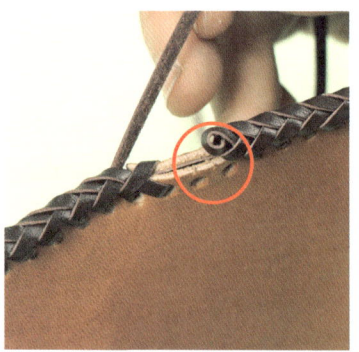

48 38에서 멈췄던 레이스를 처음 레이스를 푼 구멍에 감는다.

49 구멍이 두 개 남으면, 레이스를 풀면서 생긴 원에 바늘을 넣는다.

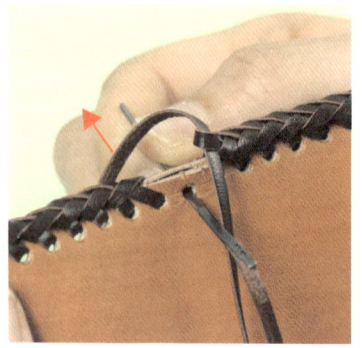

50 레이스의 방향에 주의한다. 표면을 위로 하고 위치를 정돈한 뒤 다음 구멍에 넣는다.

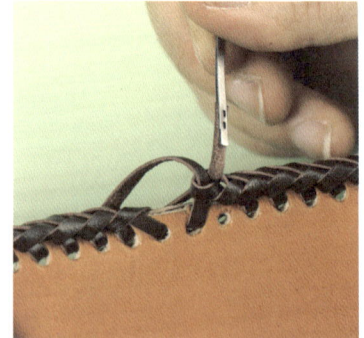

51 49에서 넣은 원에 밑에서 바늘을 넣는다. 표면을 위로 하면서 바늘을 넣는다.

52 ○에 보이는 세 레이스 밑으로 바늘을 넣어 뺀다.

53 두 칸 앞이자 마지막 구멍 위에 있는 두 줄의 레이스 밑으로 사진과 같이 바늘을 넣는다.

54 코를 잡고 가볍게 당기면서 가지런하게 정리한다.

55 마지막 구멍에 바늘을 넣고, 사진과 같이 반대쪽 레이스 사이로 뺀다.

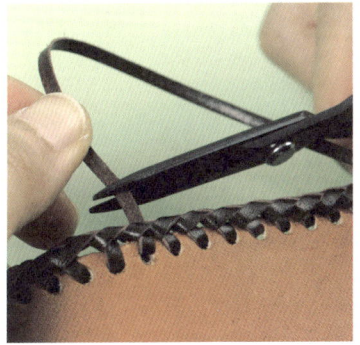

56 코를 균일하게 조절한 뒤 10mm 정도를 남겨두고 가위로 레이스를 자른다.

57 자른 레이스에 본드를 바르고 송곳으로 코 사이에 눌러 고정시킨다.

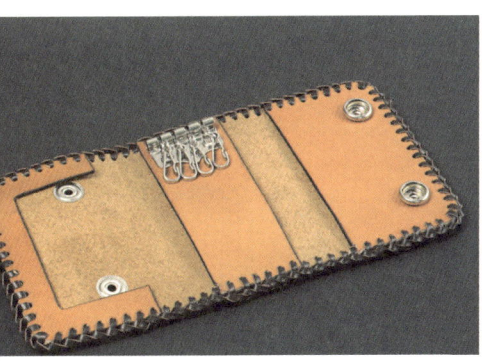

58 레이스에 바른 본드가 완전히 마르면 완성이다. 손바느질과는 또 다른 분위기가 있는 작품이 되었다. 레이스는 다양한 색상이 있으니 본체 가죽에 맞춰 자신만의 작품을 만들 수 있다.

파우치
POACH

가죽을 물들이고 지퍼를 사용한 소품을 만든다
가죽이 본래 지닌 질감과 색감 자체도 훌륭하지만 좋아하는 색으로 염색을 하면 더욱 화사한 분위기를 즐길 수 있다. 여기서는 소박한 타닌 무두질 소가죽을 붉게 물들여 세련된 파우치를 제작한다.

천연 가죽 자체의 느낌도 훌륭하지만, 여기서는 원하는 색으로 물들인 가죽을 이용해 멋진 파우치를 제작한다. 또 입구에 지퍼를 달아 실용성을 높인다. 지퍼는 30cm 길이의 것을 준비한다. 가죽은 타닌 무두질 소가죽을 세이와의 피혁용 액체 알코올 염료(스피란)로 붉게 염색한 것이다. 붉은색 외에도 색상이 다양하므로 115쪽의 염색 방법을 참고하여 시도해보자. 파우치는 화장품이나 작은 물건을 넣을 수 있는 실용적인 작품이다.

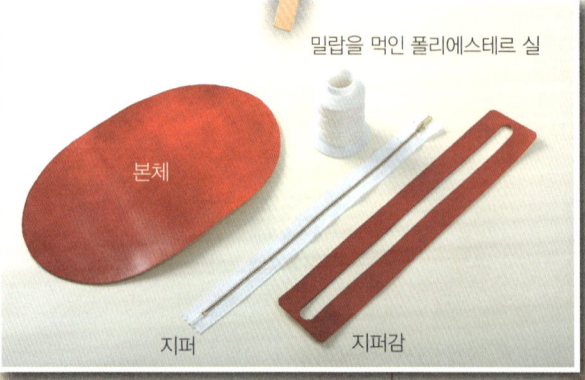

밀랍을 먹인 폴리에스테르 실
본체
지퍼
지퍼감

형지 | 222%로 확대해 사용한다

커다란 타원형 본체를 직사각형의 지퍼감과 꿰맨다. 본체를 자를 때는 곡선에 조심한다. 지퍼를 달 지퍼감의 양끝은 50호 펀치로 뚫는다.

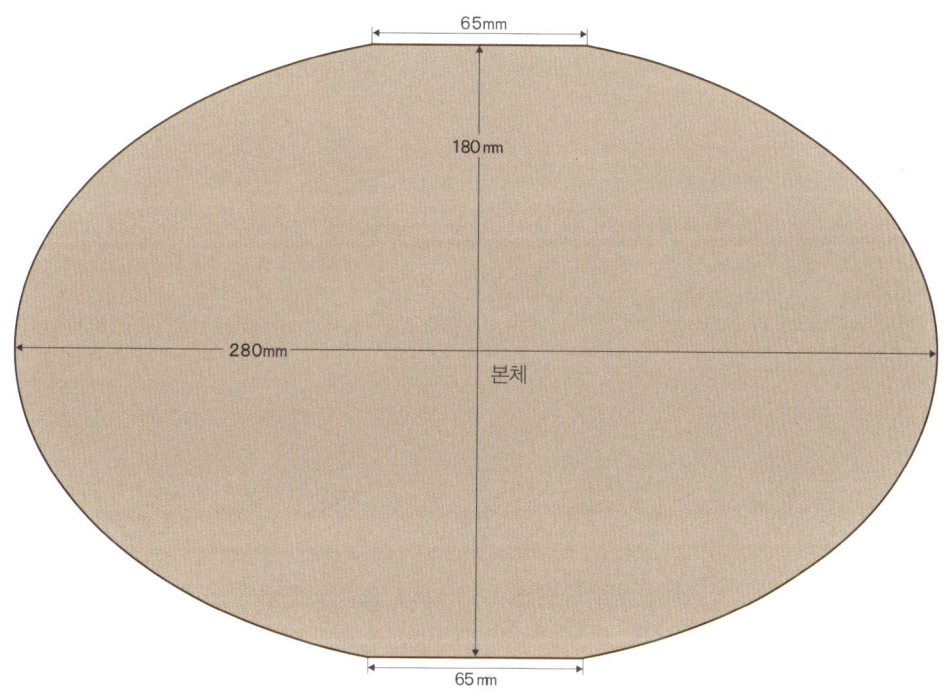

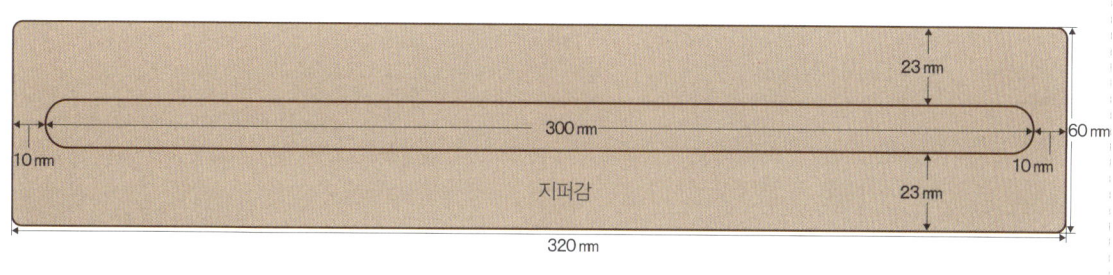

  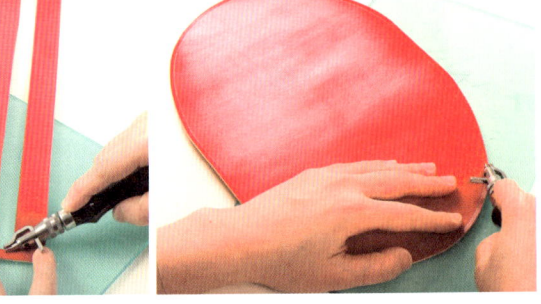

1 지퍼감의 뒷면을 커터칼로 0.5mm 정도 피할한다. 지퍼와 가죽을 꿰맬 부분을 깎아두는 것이다.

2 지퍼감과 본체 둘레에 폭 3mm로 보조선을 긋는다. 멀티 스티칭 그루버를 사용한다.

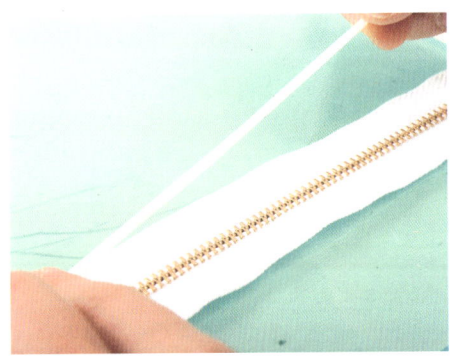 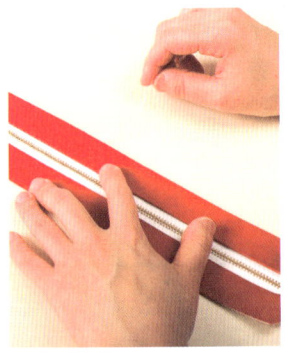

3 지퍼 가장자리에 양면테이프를 붙인다. 지퍼감과 임시로 고정해 꿰매기 위해서이다.

4 지퍼를 덮듯이 지퍼감을 붙인다. 지퍼가 지퍼감의 중앙에 오도록 위치를 조정한다.

  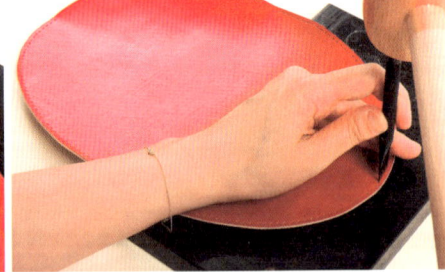

5 본체를 살짝 반으로 접어 그 중간점부터 꿰매기 시작한다. 송곳으로 보조선 위에 표시를 한다.

6 송곳으로 표시한 부분에 다이아몬드 목타를 대고 구멍을 뚫는다. 보조선에서 벗어나지 않는다면 곡선도 4날 목타로 뚫을 수 있다.

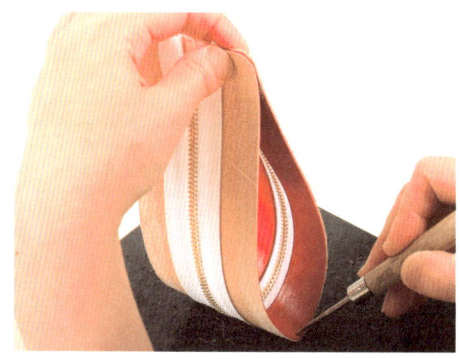

7 지퍼감도 살짝 반으로 접어 그 중간점을 송곳으로 표시한다. 이곳부터 본체와 꿰맨다.

8 보조선을 따라 다이아몬드 목타로 구멍을 뚫는다. 곡선 부분은 2날 다이아몬드 목타를 사용하는 등 적절하게 골라 쓴다.

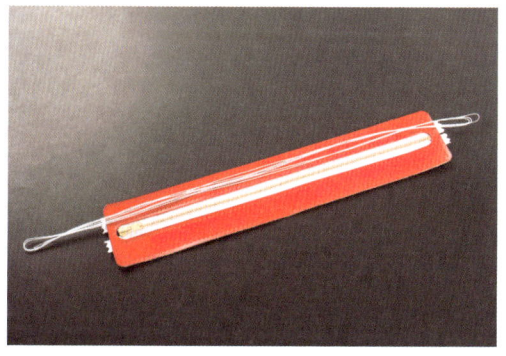
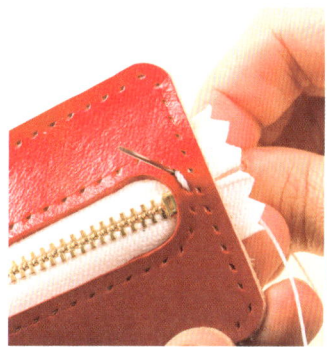

9 지퍼와 지퍼감을 꿰맬 실을 준비한다. 실은 꿰맬 길이보다 3~4배 긴 것이 필요하다.

10 지퍼는 곡선부터 꿰매기 시작한다. 실을 세게 잡아당기면 지퍼가 울 수 있으니 힘 조절에 주의한다.

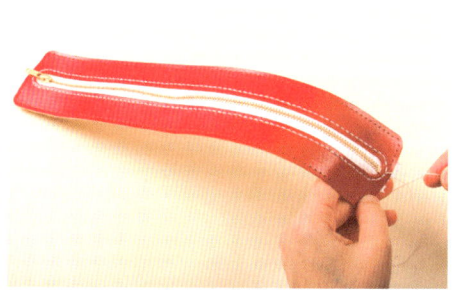
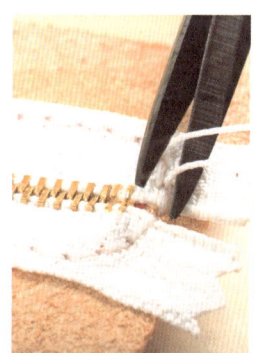

11 바느질이 마무리되는 곡선 부분에서는 두 땀 박음질을 한다.

12 남은 실을 가위로 잘라내고 라이터로 녹인 뒤 지퍼에 눌러 붙인다.

13 지퍼감에 지퍼를 달았다. 지금부터 본격적으로 본체와 꿰매기 시작한다.

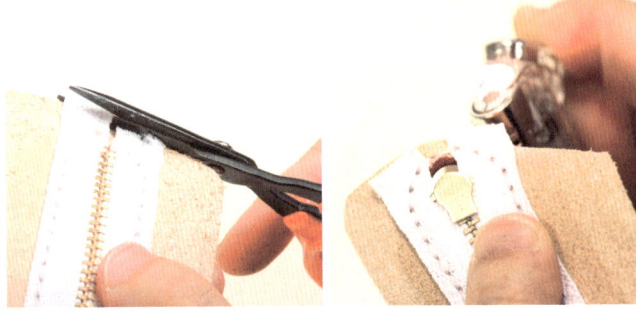

14 지퍼감에서 비어져 나온 지퍼의 천을 잘라낸다. 자른 부분이 풀리지 않도록 라이터로 지진다.

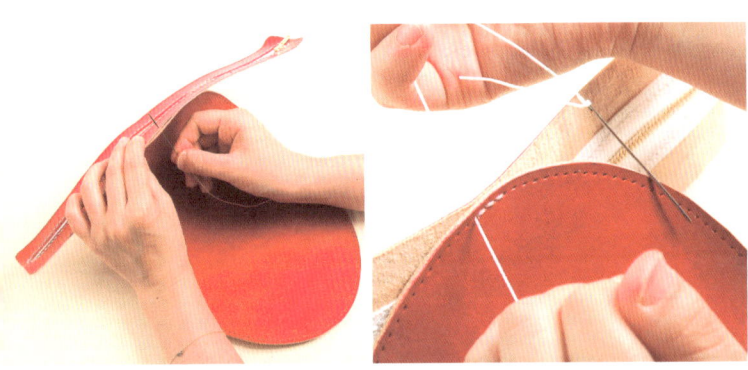

15 지퍼감과 본체를 꿰맨다. 각각 반으로 접어 표시했던 부분을 맞춰서 꿰매기 시작한다.

16 직선을 다 꿰매고 곡선에 다다르면, 본체의 형태를 지퍼감과 맞추면서 꿰맨다.

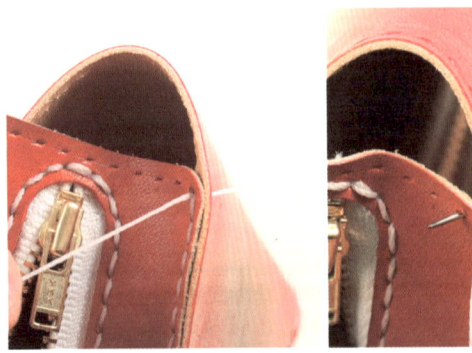

17 이 부분은 본체와 지퍼감의 바느질 구멍이 어긋나지 않도록 조심하며 꿰맨다.

18 곡선 부분은 본체와 지퍼감 사이에 틈이 생기기 쉬우므로 실을 꽉 잡아당겨서 밀착시킨다.

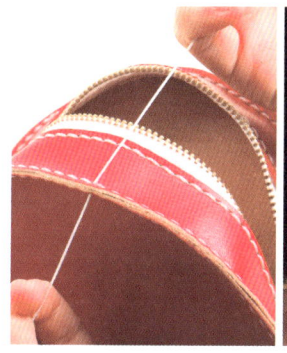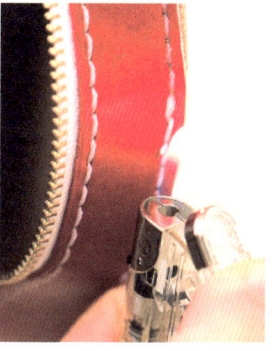 

19 바느질이 끝나면 두 땀 박음질을 하고 실을 잘라낸다. 남은 실은 라이터로 녹여서 고정시킨다.

20 바느질이 끝난 뒤 곡선 부분에 생긴 틈이나 엇나간 부분은 가위로 잘라주면 좋다.

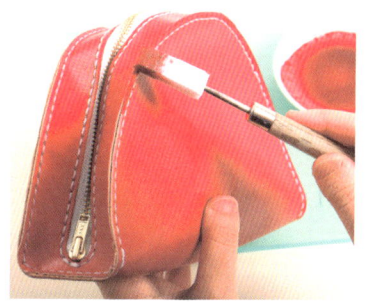 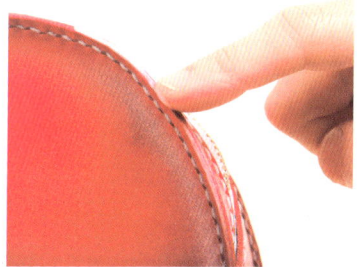 

21 측면에 색을 칠한다. 스펀지나 천 등에 빨간색 염료를 묻혀 가볍게 찍어 바른다.

22 염료가 마르면 측면에 토코놀을 바른다. 손으로 적당량을 덜어 펴 바른다.

23 프레스 슬리커로 측면을 다듬는다. 차차 형태가 잡히면서 깔끔해진다.

CHECK

왼쪽 사진은 바느질을 끝낸 직후, 가운데는 빨간색 염료를 칠한 후, 오른쪽은 토코놀로 마무리한 후이다. 알코올 염료는 얼룩이 잘 생기므로 초보자에게는 수성 염료를 추천한다. 토코놀을 바르고 측면을 다듬으면 완성도가 높아진다.

24 측면 처리가 끝나면 완성이다.

국내 가죽 커뮤니티, 가죽공방, 재료 구입처

1. 가죽에 대한 정보를 얻을 수 있는 커뮤니티

클리앙 소모임 가죽당 http://clien.career.co.kr/cs2/bbs/board.php?bo_table=cm_leather
네이버 카페 가방만들기 http://cafe.naver.com/leatherbags
네이버 카페 가죽공작소 http://cafe.naver.com/guruleather

2. 가죽공방

- **3공방** http://cafe.naver.com/wroom3 : '가죽공예' 앱으로도 유명한 '허니오' 님의 공방
- **끌로르 공방** www.clor.co.kr : 숙명여대 근처 핸드크래프트 아틀리에
- **시로가네 공방** http://blog.naver.com/et6000 : 네이버 '가방만들기' 카페 운영자인 '시로가네' 님의 공방. 장비 다수 보유
- **아고스티노 가죽학교** http://cafe.naver.com/leatherschool : 이탈리아 '스콜라 델 쿼이오' 출신 김태진 님의 가죽학교
- **엄구스 가죽공방** http://umguno.blog.me : 방배동에 위치한 '엄구스' 님의 핸드스티치 전문 교육공방
- **홍스 공방** www.hongsbang.com : 커뮤니티 '클리앙' 가죽당의 원년 멤버인 '홍스' 님의 공방
- **가죽공방 토야** www.toya-world.com : 카빙과 염색 기법을 배울 수 있는 '토야' 님의 공방. 안양(인덕원)에 위치

3. 재료 구입처

- **가죽**
  - **수입가죽** 반도피혁 서울시 종로구 숭인동 1392-1 | (02) 2238-1436 | www.leatherbando.com
    에쩨르레더 서울시 동대문구 신설동 103-3 108호 | (02) 2235-1256 | www.ezerleather.com
    미주교역 서울시 금천구 가산동 481-11 | (02) 851-1221

  - **국내가죽** 장안피혁 서울시 종로구 숭인동 206-2 우성빌딩 1층 | (02) 2236-9954
    황소피혁 서울시 종로구 숭인동 1419-1 숭신빌딩 1층 | (02) 2232-5235

- **도구** 옥천상사 서울시 중구 주교동 124 | (02) 2275-3951 | 후지펀치, 세신공구, 계양전동 | www.okchun.co.kr
  만물상사 서울시 종로구 숭인동 206-10 | (02) 2232-5973 | 각종 도구와 지퍼, 접착제 등의 부자재 판매
  재경쟈크 서울시 중구 회현 2가(자유상가 3층 70호) | (02) 755-2707 | 각종 공구와 수입지퍼 장식 등 판매
  레더크래프트툴 서울시 용산구 한남동 73-1 | (02) 793-9460 | www.leathercrafttool.co.kr | 다양한 가죽 도구들을 구비해놓고 있다.

- **부자재** 신영상사 서울시 종로구 숭인동 19-396 경동상가 110호 | (02) 2252-1618 | 각종 리벳, 아일렛 전문. 장식과 버클도 판매
  숭인동 가방자재시장 종로구 숭인동(난계로 27길 일대)
  남대문 자유무역상가 부자재 시장 한국은행 건너편 자유상가 3층

- **기타** 제일조각 서울시 중구 주교동 210-2 1층 3호 | (02) 2277-6782 | 가죽에 찍는 도장 금형 제작

부록

평상시 가죽제품 손질하기	166
일본 전문 가죽 공예용품점	168
가죽공예품 카탈로그	170
가죽공예 전문용어집	176

제작한 작품을 오랫동안 즐기기 위한
평상시 가죽제품 손질하기

가죽은 사용할수록 특유의 질감이 살아난다. 또 직접 제작한 작품이기에 오랫동안 소중히 사용하려는 마음이 생긴다. 여기서는 직접 만든 가죽제품을 한층 더 오랫동안 즐길 수 있도록 일상에서 간단히 손질하는 방법을 소개한다.

순수 말기름

침투력이 매우 빠르다. 가죽 내부로 순식간에 침투하여 안에서부터 윤기를 준다. 또 스며든 기름막이 포자나 세균을 감싸 곰팡이가 피는 것을 막는 등, 살균·산화 방지 효과도 높다. 발랐을 때 표면이 끈적이지 않고 산뜻하다. 약품 자체에 약간 색이 들어 있으므로, 다음 페이지에서 차이를 확인해보자.

빠른 침투력으로 윤기를 준다

순수 말기름은 작품 제작 시 딱딱한 가죽에 유연성을 주기 위해서도 사용하지만 보통은 손질용으로 많이 쓴다. 이 약품은 가죽 깊숙한 곳까지 빠르게 스며들며 끈적이지 않고 산뜻한 표면을 유지시켜준다. 가죽은 본래 살아 있는 동물의 살갗이었기 때문에 사람의 피부와 마찬가지로 건조해지면 균열이 생긴다. 이때 사람이라면 핸드크림을 바르는 것처럼 가죽도 마찬가지로 두세 달에 한 번 간격으로 윤기를 준다. 건조한 겨울에는 두 달에 한 번이 적당하다. 비에 젖은 경우에는 그때마다 발라준다. 또 얼룩이 묻은 경우에는 직접 해결하기보다는 즉시 전문가에게 의뢰하는 편이 좋다. 무리하게 지우려고 하다가 얼룩이 더 심해질 수 있다.

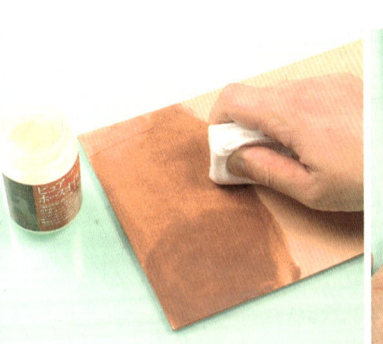

1 적당량을 손가락으로 덜어 잘 배도록 표면에 펴 바른다. 마른 헝겊을 이용해도 좋고 그대로 손가락으로 펴 발라도 좋다.

2 윤기를 내고자 하는 가죽 전체에 고루 바른다. 피부에 닿아도 안전하다.

3 마른 헝겊을 이용하면, 헝겊으로 여분의 기름을 흡수하면서 바를 수 있다.

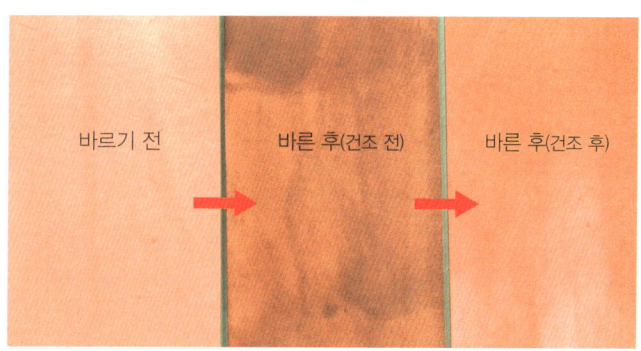

바르기 전 → 바른 후(건조 전) → 바른 후(건조 후)

4 바른 직후에는 색이 진하지만, 마르고 나면 표면에 윤기가 돈다. 색상에도 살짝 변화가 있다.

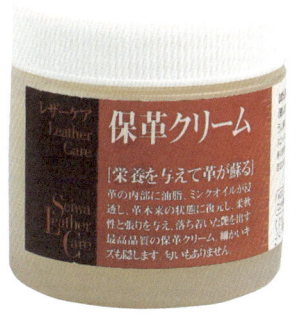

가죽 보습 크림

가죽 내부에 유지가 스며들면서 유연성과 윤기를 더한다. 또 왁스 성분이 작은 흠집을 가려주고 차분한 광택을 발한다. 화학약품과 같은 냄새도 없기 때문에 사용하기 편하다.

건조한 가죽에 유연성과 윤기를 더한다

순수 말기름과 마찬가지로 가죽 내부로 스며들어 윤기와 유연성을 준다. 또 밀랍이 배합되어 있어, 표면에 난 작은 흠집을 가려주고 고급스러운 광택을 발한다. 골고루 펴 바르면 끈적이지 않으나, 지나치게 많이 바르면 찐득찐득하고 변색될 우려가 있다. 가죽의 종류에 따라 다르기도 하나, 이 크림도 두세 달에 한 번 꼴로 발라준다. 가죽의 표면 상태는 물을 한 방울 떨어뜨려보면 알 수 있다. 물방울이 그대로 스며든다면 때도 함께 스며드는 셈이므로, 즉시 크림을 발라 보호한다.

1 마른 헝겊으로 적당량을 덜어 바르고자 하는 면에 칠한다. 색이 없기 때문에 가죽 전체에 사용할 수 있다.

2 전체적으로 얇게 펴 바르면 점차 광택이 돈다.

일본 전문 가죽 공예용품점 – 세이와

일본 도큐 핸즈의 시부야점에 위치한 세이와 시부야점은, 일반 애호가에서부터 전문가에 이르기까지 많은 사람들이 가죽공예품을 만들 때 한 번쯤은 꼭 들러보는 곳이다.

가죽공예 종합 백화점

세이와 시부야점은 가죽공예에 필요한 도구와 재료를 다양하게 구비하고 있다. 세이와가 독자적으로 연구·개발한 여러 색상의 염료를 비롯해, 쓰기 편하게 자른 가죽과 초보자가 기본적으로 갖추어야 할 도구 세트 등, 가게 안에는 가죽공예의 재미를 알리고자 하는 마음이 넘쳐난다. 전문 직원이 상주하고 있어 조언을 얻을 수도 있다.

Shop Information

세이와 시부야점

풍부한 가죽 지식을 갖춘 직원들. 미소와 친절로 고객을 대하는 자세가 인상적이다.

우) 150-0042 도쿄 도 시부야 구 우다가와초 12번 18호 도큐 핸즈 6A
Tel&Fax 03-3464-5668

가죽 재료 / 다양한 종류·쓰기 편한 사이즈로 나누어져 있다.

1. 쓰기 편하도록 잘라둔 가죽 재료. 에나멜가죽과 문양피도 있다. 사진 왼쪽 위의 전시품은 직원이 총출동하여 심혈을 기울여 제작한 작품(비매품) 2. 뱀이나 토끼 모피 등 장식용 가죽도 다양하다. 3. 취향대로 골라 쓸 수 있는 갖가지 색상의 가죽끈

도구·화학약품 / 사용하기 편하도록 고안된 도구와 독자적으로 연구·개발한 염료를 구비하고 있다

1. 오랜 세월 연구를 거듭하여 만든 고품질의 도구가 진열되어 있다. 초보자가 기본적으로 갖추어야 할 도구도 세트로 판매한다. 2. 각종 화학약품도 잘 준비되어 있다. 3. 다양한 색상의 염료는 세이와가 오랜 세월 쌓아온 고급 염색 기술로 탄생시킨 걸작.

금속장식·부속품 / 빽빽하게 걸려 있는 금속장식은 볼 때마다 그 방대한 양에 놀라게 된다.

1. 선반마다 깔끔하게 정리되어 있다. 2. 빽빽하게 선반을 채우고 있는 것은 버클, 연결고리, 링 등 가죽공예품 제작에 빠질 수 없는 부속품들. 많은 종류를 눈앞에 두고 무엇을 살지 고민하는 재미도 있다. 3. 개성적인 버클들이 진열되어 있다.

가죽공예품 카탈로그

세이와의 아티스트들이 실제로 제작한 가죽제품. 이 책에서 설명한 다양한 기법을 참고하면, 이처럼 창의적이고 자신만의 개성이 넘치는 작품을 제작할 수 있다.

초급편
손바느질로 만들 수 있는 작품·아일렛이나 간단한 엮기 기법을 이용한 작품 등. 초보자들도 비교적 쉽게 도전할 수 있는 작품을 소개한다.

1
책커버
앞에서도 소개한 책 커버는 가죽과 실의 색상을 바꾸거나 문양을 새겨, 전혀 다른 분위기를 낼 수 있다.

2
영수증 철
영수증을 철하도록 가죽 사이에 플라스틱을 끼워서 만들었다. 고급 레스토랑에서도 쓸 법하다.

3
수첩커버
왼쪽은 오일가죽이고 오른쪽은 문양피를 사용했다. 바인더를 달았으며, 똑딱단추나 가죽끈으로 변형할 수 있다.

4
필통
필기구나 악기채 등을 넣어 다니는 케이스. 필요에 따라 크기를 조절할 수 있다.

5
티슈 케이스
포켓 티슈도 케이스에 넣어 들고 다니면 느낌이 색다르다. 얇은 소가죽을 바느질해 15분이면 만들 수 있다.

6
화장품 파우치

앞쪽에 실린 파우치와 같은 형지를 이용해 제작했다. 가죽의 종류가 다르거나, 꽃이나 단추 모양의 리벳을 달면 전혀 다른 작품이 된다. 앞의 두 작품은 메탈 가죽을 사용했다.

7
트레이

앞쪽에서 제작한 트레이와 같은 형지를 사용했다. 소가죽 안쪽에 돈피 스웨이드를 댔다. 다양한 색의 가죽과 조합하는 재미가 있다.

8
가죽 뱅글

왼쪽 상단은 가죽끈 4줄을 나선 모양으로 엮은 것이고 오른쪽 상단은 3줄 엮기를 한 것이다. 왼쪽 하단은 소가죽으로 마법 엮기를 한 후 금속장식으로 고정했다. 한 시간 정도면 만들 수 있는 작품이며 패션 액세서리로 활용할 수 있다.

9
동전지갑

기본적인 형태의 동전지갑은 한 시간 정도면 만들 수 있어 가죽공예 교실의 초급 강좌에서 자주 다루며, 실용성이 높다. 가죽의 종류를 바꾸거나 똑딱단추, 가죽끈을 이용해 개성 있게 표현한다.

중급편

앞에서 나온 작품에서 한 걸음 더 나아가, 가죽공예에 익숙해진 사람들에게 알맞은 작품을 소개한다. 가방이나 벨트처럼 크고 복잡해 보이는 아이템도 기초를 파악하고 시간을 들이면 충분히 만들 수 있다.

1 지갑체인

엮는 길이는 길지만 앞에 나온 뱅글과 같은 방법으로 만들 수 있다. 가죽끈과 금속장식의 색을 바꾸거나 나선 엮기 혹은 라운드 엮기 등 엮는 방법을 바꿔보는 것도 재미있다.

2 기타 스트랩

소가죽으로 만든 심플한 기타 스트랩으로, 기분에 따라 버클 모양을 바꿀 수 있다.

3 키홀더

가죽 한 장을 둥글게 꿰맨 뒤 키홀더용 금속장식을 달았다. 똑딱단추나 아일렛을 달거나, 가죽에 문양을 내는 등 다양하게 활용할 수 있다.

4 기타 스트랩

안료 처리를 한 소가죽으로 만든 기타 스트랩이다. 하얀 가죽과 강한 느낌의 레인저 버클이 잘 어울리며 벨트로도 활용할 수 있다.

5 핸드폰 줄

엮기 기법과 리벳, 금속장식을 다는 방법을 익히면 다양한 휴대폰 줄을 만들 수 있다. 여기서는 촉감이 좋은 사슴 가죽끈을 사용해 부드러운 인상을 풍긴다.

6
투웨이 백
손에 들거나 어깨에 멜 수 있는 편리한 가방이다. 앞쪽의 토트백을 응용해 만들 수 있다.

7
어깨끈이 달린 클러치 백
화려한 색상의 가죽을 사용해 축의금 봉투가 딱 들어가는 사이즈로 만들었다.

8
스탬핑 토트백
가방의 몸통과 손잡이에 도장으로 무늬를 찍어 넣었다. 전체적으로 염료를 닦듯이 발라 무늬가 두드러지게 했다.

9
패치워크 쿠션
다양한 색의 돈피 스웨이드를 이어 붙여서 만든 쿠션. 레이스 부분은 가죽을 두 장 맞붙인 후 재단하고 구멍을 뚫었다.

10
숄더백
양가죽으로 만든 숄더백. 길이를 조절할 수 있는 벨트와 아일렛 등. 곳곳에서 고심한 흔적이 엿보인다.

11
서류가방
오일 가죽으로 만든 서류가방. 삽입식 잠금 장치와 바닥 압정을 달아 실용성을 높였다.

상급편

마지막으로 세이와의 아티스트들이 공들여 만든 자랑스러운 걸작을 소개한다. 이 책으로 기초를 닦은 후 다양한 작품을 만들어 경험을 쌓으면, 이처럼 예술작품에 버금가는 물건을 만들 수 있다.

1 기타 스트랩

가장자리는 라운드 스티치로 장식하고, 가운데는 세 줄 그물 엮기라는 기법을 이용해 만들었다. 터키석이 박힌 리벳 버튼도 멋진 포인트가 되었다.

2 다용도 핸드백

언제 어디에서나 들 수 있는 디자인으로 몸통은 소가죽, 지퍼감과 안감은 양가죽을 사용했다. 안을 가로지르는 가죽에 지퍼를 달아 수납 공간도 넉넉하다.

3 메디슨 백

바이커들에게 인기 있는 메디슨 백. 전체를 라운드 스티치로 장식하고, 인디언 모티브로 한 해골을 조각해넣었다. 얼굴에 레더픽스를 바른 뒤 염색하여, 명암의 차를 표현했다.

4 라운드 스티치 벨트

만드는 데 꼬박 이틀이 걸렸다는 소가죽 벨트는 전체를 라운드 스티치로 장식하고, 가운데에는 여러 색의 실로 자수를 놓았다. 사용하기 아까울 정도로 높은 완성도를 자랑한다.

5 카빙 핸드백

전체를 더블 스티치로 장식하고, 카빙한 꽃에 레더픽스를 바른 뒤 왁스코트로 마감하여 색의 차이를 표현했다. 안감은 사인이라고 하는 합성피혁 사용.

6 화인 자국 숄더백

물을 묻힌 뒤 손으로 구겨 일부러 주름을 만들어 앤티크한 분위기를 낸 오일 가죽 숄더백.

7 주머니 가방

두 장을 맞붙인 가죽에 하나나 정성스럽게 재단한 술 장식이 특징. 시간과 끈기, 정확하게 재단하는 기술이 요구된다.

8 핸드메이드 가죽부츠

이는 특수한 예로, 가죽신발을 만드는 곳에서 솜씨를 갈고 닦은 아티스트가 제작한 것이다. 장식용이 아니라 진짜 신을 수 있는 부추이다. 파란 부분은 염색한 양가죽을 사용했고, 다른 부분은 카프 가죽을 사용했다.

9 하라코 백

하라코(태아 가죽이나 태어난 지 얼마 되지 않은 송아지 가죽) 모양을 살린 백. 가장자리는 가죽을 감싸서 꿰매는 파이핑이라는 기법을 이용해 강도를 높였다.

가죽공예 전문용어집

가죽공예를 더욱 잘 이해하고 즐길 수 있도록 특수한 기법과 가죽 종류 등, 가죽공예와 관련된 다양한 전문용어를 해설한다.

ㄱ

가재단
작품을 만들기 위해 가죽을 자를 때, 형지보다 한층 크게 재단하는 것.

가죽
가공하기 쉽도록 무두질을 거친 상태를 가리키며 레더라고 통칭된다.

경사 피할
측면을 향해 비스듬하게 경사를 내며 깎는 것. 바느질을 하거나 레이스를 감을 위치를 얇게 깎을 때 쓰는 방법.

고트Goat
성장한 산양의 가죽. 독특한 주름이 있고 내마모성이 뛰어나다. 어린 산양은 키드 Kid라고 한다.

괘선 긋기(보조선 긋기)
재단이나 구멍을 뚫기 위해 가죽 표면에 얇게 선을 그리는 것.

구김
가죽 표면에 나타나는 잔주름을 가리킨다.

구김 가죽
무두질한 후에 구김 가공을 거쳐 잔주름을 강조한 가죽. 스코치 그레인 레더 Scotch grain leather라고도 한다.

그레이징 가공
강한 압력으로 유리, 마노, 금속 등을 마찰시켜 만든 가죽. 이 가공을 거치면 표면에 광택과 평활성(반반하고 매끄러운 정도)이 나타난다.

글러브 가죽Glove leather
야구할 때 쓰는 글러브의 소재가 된 것에서 이름이 붙여졌다. 부드럽고 튼튼하며 사용할수록 멋이 난다. 주로 소가죽과 말가죽으로 만든다.

기름 무두질
유지를 섞어서 가공하는 방법. 유연하고 흡수력이 높은 세무 가죽은 기름 무두질로 만든 대표적인 가죽이다.

ㄴ

나파 가죽Nappa leather
본래는 양이나 산양 가죽을 장갑이나 의료용으로 가공한 표면 가죽을 뜻했다. 현재는 크롬 무두질을 한 생후 1년 미만의 송아지나 새끼 양으로 만든 매우 부드럽고 잔주름이 진 의류용 가죽이나 장갑용 가죽도 나파 가죽이라고 한다.

누벅Nubuck
성우 가죽의 표면을 버프 가공하여 털을 세운 가죽. 스웨이드보다 털이 짧은 것이 특징. 드물게 송아지 가죽을 쓰기도 한다.

ㄷ

다림질 가공
가죽용 다리미로 가열·가압하여, 광택이 나면서 표면을 균일하게 처리된 가죽.

단 피할
가죽 끝이 단이 생기도록 깎는 것. 가장자리를 두 겹으로 겹치고자 할 때 쓰는 방법.

데시DS
일본에서 가죽의 크기를 재는 단위로 1데시는 10cm×10cm이다. 한국과 미국에서는 스퀘어피트(sft. 평)를 쓰며 1스퀘어피트는 1피트(약 30cm)×1피트이다.

도장 찍기(스탬핑)
가죽에 다양한 문양이나 이니셜을 찍는 것.

디어 스킨Deerskin
사슴 가죽 중에서도 작은 사슴의 가죽을 디어 스킨이라고 한다. 물에 강하고 튼튼하다.

똑딱단추(스냅)
바이크용 지갑에 곧잘 사용된다. 딱딱한 금속을 반구 형태로 가공한 것으로, 주로 장식 효과를 기대하며 사용한다. 똑딱단추에 줄을 감거나, 똑딱단추 밑에 점퍼 버튼을 달아 지갑이나 가방의 덮개를 고정한다.

ㄹ

램Ram
새끼 양가죽이다. 얇기 때문에 그다지 튼튼하지는 않으나 고급품에 속한다. 성인 양은 십이라고 한다.

리벳Rivet(가시메)
가죽끼리나 가죽에 다른 조각을 고정할 때, 혹은 장식용으로 사용하는 금속 장식. 보통 한쪽 면이 가려질 때는 단면 리벳, 양면이 모두 드러나 깔끔하게 처리하고자 할 때는 양면 리벳을 사용한다.

리저드Lizard
도마뱀 가죽. 도마뱀에도 여러 종류가 있으나 통칭하여 리저드로 부른다. 가죽 표면의 질감과 특유의 모양 덕분에 뱀 가죽과 더불어 인기가 높다. 파충류 가죽 중에서도 튼튼한 것이 특징이다.

ㅁ

메시Mesh
가죽을 끈 형태로 가공한 후 기계로 엮어 시트 형태로 만든 것. 통기성이 뛰어난 것이 특징이다.

메탈릭 가공
도장 공정에서 메탈(금속질) 처리를 한 가

죽. 색상도 다양하다.

몸통
가방에서 가장 평면적이 넓은 부분의 가죽. 일반적으로 가방은 몸통이 두 개이며, 이것을 지퍼감과 이어서 가방을 만든다.

무두장이
동물의 살가죽을 무두질하여 가죽으로 가공하는 기술자나 공장을 뜻한다.

무두질
동물에서 벗겨낸 피부를 부패하지 않도록 하거나 가공하기 쉬운 가죽으로 처리하는 것. 무두질 종류에는 타닌 무두질, 크롬 무두질, 혼합 무두질 등이 있다.

문양피
가죽 표면을 가열·가압하면서 다양한 틀을 눌러 찍어 모양을 낸 가죽.

밀랍 칠
바느질을 하기 쉽도록 실에 밀랍을 바르는 작업. 최근에는 밀랍을 먹인 실을 많이 판매하고 있으나, 마사 등을 사용할 때는 밀랍 칠을 해야 한다.

ㅂ

반재(사이드)
통가죽을 등을 따라 반으로 자른 가죽.

벅스킨buck skin
커다란 사슴가죽의 표면을 사포로 문질러 스웨이드로 처리한 것을 가리킨다.

베리
반재한 가죽에서 배 가운데부터 다리 끝에 이르는 부분.

베지터블 가죽Vegetable leather
타닌 무두질만 한 가죽으로 물과 기름에 약하다는 특징이 있다. 가죽 본래의 풍미가 살아 있으며 사용할수록 황갈색으로 변색하는 모습을 즐길 수 있다.

벤드
반재한 가죽에서 등에서 배 가운데에 이르는 부분. 딱딱한 정도가 가장 적당하여, 전체 중에서 가장 좋은 부분으로 여겨진다.

벨루어Velour
성우의 가죽 표면 털을 세운. 긴 기모가 있는 가죽. 스웨이드보다 털이 길고 거칠다.

불Bull
3년 이상 된 거세하지 않은 수소의 가죽. 거칠지만 튼튼하고 두껍다.

브라이들 가죽Bridle leather
타닌 무두질로 만든 가죽을 밀랍이나 오일이 내부에 스며들 때까지 칠한 것. 특유의 하얀 가루는 기온·습도에 따라 다르게 나타난다.

ㅅ

상가죽
동물의 생가죽을 슬라이스하여 무두질한. 가죽 표면이라고 할 곳이 없는 가죽. 조형이나 구두 밑창 가죽으로 이용된다.

상면
가죽의 뒷면을 가리키는 일본식 용어이다. 일반적으로 상면은 까슬까슬하며 잔털이 서 있기 때문에 다듬거나 안감을 댄다.

새들 가죽saddle
상품명으로 쓰이기도 해 정의하기 애매한 부분이 있으나, 일반적으로는 타닌 무두질로 만든 가죽을 가리킨다. 새들은 '안장'을 뜻한다.

새들스티치
가죽공예의 일반적인 바느질 방법으로 바늘 두 개를 교차시킨다. 죄는 강도를 조절할 수 있고 실이 풀리거나 끊어졌을 때 수선이 용이하다는 장점이 있다.

새미 가죽
기름 무두질로 가공하고 스웨이드 형태로 마감한 가죽. 본래는 사슴 가죽을 가리켰으나 현재는 어린 사슴이나 양, 산양 등을 가리키기도 한다. 흡수성과 친유성이 좋고 부드럽고 탄력 있으며 세탁도 가능하다. 주로 시계나 귀금속, 자동차 등을 닦는 데 이용된다.

생가죽
동물에서 벗겨낸 무두질하지 않은 상태의 살가죽으로 스킨이나 하이드로 번역된다.

생지(가죽)
마감제를 거의 사용하지 않고 펠트버프 등으로 가볍게 광택을 낸 가죽. 베지터블 가죽으로도 불리며 가죽공예를 하기에 가장 적합한 소재로 일컬어진다.

샤크Shark
상어가죽으로 촉감과 모양이 독특하다. 예전에는 장식용으로 칼자루에 감았다.

솔더
어깨 부분의 가죽으로, 비교적 튼튼하여 벨트 등을 만들 때 자주 사용한다.

슈렁크 가죽
무두질 공정 중에 특수한 약품을 사용하여 가죽 표면에 잔주름이 가게 한 가죽.

스네이크Snake
뱀가죽. 비단구렁이나 아나콘다. 코브라 등 종류가 다양하다. 독특한 무늬 때문에 인기가 좋다.

스무스 가죽Smooth leather
가죽 표면의 세밀한 모양을 살리기 위해 무두질하고 염색만 한 가죽. 가죽 표면이 아름다울 뿐 아니라 내구성이 뛰어나고 넓은 분야에 응용할 수 있어, 다양한 제품에 사용되는 소재.

스웨이드
사포로 문질러 털을 세운 가죽. 원칙적으로는 송아지 가죽이 원료이나 현재는 돈피 스웨이드가 주류.

스티어 하이드Steer Hide
생후 2년 이상의 수소 중 생후 3~6개월 사이에 거세된 소의 가죽. 두께가 일정해서 유통량이 많으며 가죽공예에서 많이 이용되는 가죽 중 하나.

스팅레이Stingray
가오리 가죽. 가죽 표면의 요철이 독특한 개성을 풍긴다. 요철의 일부를 변형한 스타마크 가죽 등 다양한 종류가 있다. 상어와 비슷한 무리에 속한다.

시뉴
본래 시뉴란 동물의 힘줄을 떼어내서 실로 꼰 것으로, 방수성 및 내구성이 뛰어나다. 그러나 현재는 수급이 어려워 보통 인공적으로 만든 이미테이션 시뉴를 사용한다.

심 염색
가죽의 내부(심)까지 염료로 염색한 가죽. 완전 염색이라고도 한다.

십Sheep
양가죽. 얇고 가벼우며 부드러운 것이 특징. 방한용으로도 뛰어나다.

ㅇ

아닐린 가공(가죽)
안료가 들어 있지 않은 아닐린 염료와 마감제를 사용해 가죽의 표면을 살린. 고급스러움이 묻어나는 가죽.

아일렛
가죽을 둥글게 도려낸 후, 풀리거나 하지 않도록 보강하기 위해 다는 원형의 금속 장식.

안감 대기
가죽 표면의 까끌까끌함을 없애고 촉감을 좋게 하고자 돼지 스웨드 가죽 등을 덧대는 것. 장식 기능이 있을 뿐 아니라. 제품의 내구성도 좋아진다.

안료 처리(가죽)
불투명한 염료로 가죽 표면을 도포한 가죽. 흠집과 얼룩이 가려지며 균일하게 착색된다는 장점이 있다.

애드번 가공(가죽)
가죽 표면에 염료를 여러 번 도포해 그라데이션과 얼룩을 표현하고. 입체감이 강조되도록 처리한 가죽.

앤티크 처리(가죽)
가죽 표면에 염료를 불규칙한 모양으로 발라 얼룩진 무늬를 낸 가죽. 앤티크 처리를 하면 고풍스러운 인상을 줄 수 있다. 흠집을 내거나 물을 묻혀 주름을 만드는 것도 포함된다.

에나멜 가공(가죽)
패턴트 가공이라고도 하며, 도장 처리를 한 뒤 우레탄수지를 여러 번 발라 광택을 낸 가죽.

엘크Elk
북미에 사는 큰 사슴의 가죽으로, 물에 강하고 튼튼하지만 쉽게 늘어난다는 특징이 있다. 큰 사슴의 가죽을 엘크, 작은 사슴의 가죽을 디어 스킨으로 분류한다. 또 현재는 비벼서 오글오글한 잔주름을 만든 크롬 무두질한 소가죽을 가리키기도 한다.

엠보싱 가죽Embossing leather
고압 프레스로 가죽 표면을 눌러 무늬를 낸 가죽을 가리킨다.

엣지
가죽의 절단면에 나타나는 각. 보통 엣지 비벨러 등을 사용하여 깎아내고 측면 처리를 한다.

오스트리치Ostrich
타조가죽. 부드럽고 탄력 있으며 내구성도 뛰어나 고급 소재의 대명사격이다. 다리 부분의 가죽은 따로 오스트레그라고 한다.

오일 가죽Oil leather
타닌 무두질한 가죽에 유분을 더해서 처리한 가죽. 아웃도어 제품이나 부츠에 자주 사용한다. 내수성이 강하고 촉촉한 느낌이 있다.

원피原皮
가죽에 부착된 살과 지방을 제거하고, 소금에 담그거나 햇볕에 말려 부패하지 않도록 처리한 무두질 전의 살가죽.

은면
가죽의 겉면(표면)을 가리킨다. 일반적으로 일본에서 많이 쓰이는 용어였으나 현재는 우리나라에서도 쓴다. 모공이 있으며 촉감이 부드럽다.

이미테이션 시뉴
얇은 폴리에스테르 실 다발에 밀랍을 듬뿍 바른. 천연 시뉴와 비슷한 실로 이것이 일반적으로 시뉴로 불린다. 이미테이션 시뉴는 꼼꼼하게 꼬면 튼튼한 실이 된다.

ㅈ

재단
가재단 후. 형지를 따라 정확하게 자르는 작업. 깔끔하게 자르는 것에 익숙해져야 한다.

저피底皮
성우成牛나 물소의 생가죽을 타닌 무두질로 가공한 가죽으로 두껍고 딱딱하다. 구두 밑창 등으로 쓰인다.

점퍼버튼
스타디움 점퍼 등에 사용하는 대표적인 단추. 누름쇠 하나로 수단추, 암단추를 모두 달 수 있다.

ㅊ

천연 염색
식물의 열매나 잎. 뿌리 등 자연 소재에서 추출한 색소로 가죽을 염색하는 것.

측면
가죽의 절단면. 방법은 사람마다 다양하나 측면을 얼마나 깔끔하게 처리하느냐에 따라 외관의 아름다움과 내구성에서 차이가 나타난다.

측면감
가방의 몸통과 몸통이 이어지는. 측면에 해당하는 부분. 이 감의 폭이 가방의 넓이를 결정한다. 몸통의 옆 변에 접하면 옆감. 몸통의 바닥에 접하면 밑감이라고 하며 옆감과 밑감을 전부 이은 것을 측면감이라고 한다.

ㅋ

카빙Carving
가죽 표면에 칼자국이나 각인을 새겨 무늬를 표현하는 것으로. 가죽 제품에서 가장 대표적인 장식 기법이다. 카빙에는 애리조나 스타일과 캘리포니아 스타일 등이 있으며. 그중에서도 1930년대에 돈킹이

창안한. 원을 그리듯이 꽃과 식물을 묘사하는 셰리단 스타일이 가장 잘 알려져 있다.

카우 하이드 Cow Hide
생후 2년 이상 된, 출산을 끝낸 암소의 가죽. 스티어 하이드보다 얇으며 튼튼해서 다양한 제품에 사용된다.

카프 스킨 Calf Skin
생후 6개월 미만의 송아지가죽. 부드럽고 결이 섬세하며 흠집이 적어 소가죽 중에서도 고급에 속한다.

칼빈
아직 송아지를 낳지 않은 생후 2년 이상의 암소가죽. 카우 하이드보다 고급에 속한다.

코도반 Cordovan
말의 엉덩이 부분으로 표피 안쪽 섬유가 밀집된 부분을 가리킨다. 완성된 가죽은 흠집이 없고 아름다운 광택이 난다. 한 마리에서 겨우 두 장만 얻을 수 있기 때문에 고급 소재에 속한다.

크랙 가공(가죽)
안료를 두껍게 바르고 의도적으로 균열이나 흠집을 낸 가죽.

크로커다일 Crocodile
악어가죽으로 고급 소재에 속한다. 수급의 불안정성으로 인해 대형 가죽 브랜드에서는 최근 전문적으로 악어를 양식한다.

크롬 무두질
3가 크롬을 사용하여 무두질하는 방법으로 빠르고 비용이 싸다. 크롬 무두질을 한 가죽은 유연하고 가벼우며 보존성과 내열성이 뛰어나다. 타닌 무두질에 비해 손바느질용으로는 적합하지 않으나, 값이 싸기 때문에 다양하게 이용된다.

크롭
반재半裁한 가죽에서 베리를 제거한 부분.

킵 스킨 Kip Skin
생후 6개월에서 2년 이내의 소가죽으로, 카프 스킨보다 두껍지만 결이 촘촘하여 카프 스킨 다음으로 좋은 가죽에 속한다.

E

타닌 무두질
식물의 타닌을 이용하여 무두질하는 방법이다. 많은 시간과 고도의 기술을 요하기 때문에 가격이 높고 고품질의 가죽이 만들어진다. 촉감이 자연스럽고 튼튼하고 잘 늘어나지 않는다. 사용할수록 멋이 나며 부드러워진다.

태닝
가죽의 표면이 사용할수록 분위기 있는 갈색으로 변하는 것. 깔끔하게 태닝을 하기 위해서는 정기적으로 오일을 먹여주면 좋다.

통가죽(홀 하이드)
모든 부분이 이어져 있는, 반재되기 전의 가죽.

ㅍ

판유리 갑피
크롬 무두질 가공 과정에서, 가죽을 유리판에 팽팽하게 붙여 건조시킨 후에 가죽 표면을 문질러 깎아내고 도장塗裝한 것.

펄 가죽
인공 펄이 들어 있는 펄 에센스를 혼합 처리한 가죽. 기본적으로 가죽 표면은 펄 색상이 되지만, 필요에 따라 염료 등으로 착색하기도 한다.

표면 처리 가죽
무두질한 후 한 번 버프가공을 거치고 도장한 가죽. 가죽 표면의 모공은 사라지고 촉감이 부드러운 것이 특징.

프린트 가공
가죽에 염색이나 도장을 하지 않고 프린트롤법이나 전사필름법 등으로 직접 무늬를 프린트한 가죽.

피그 Pig
돼지가죽. 모공이 큰 것이 특징이다. 마찰 강도가 뛰어나고 내구성과 통기성도 좋다.

피할
가죽의 뒷면을 깎아서 두께를 조절하는 것. 부분 피할은 커터 등을 사용하여 직접 할 수 있으나, 넓은 범위를 피할할 때는 일반적으로 전문점에 맡긴다.

ㅎ

하라코
태아 가죽이나 태어난 지 얼마 되지 않은 송아지의 가죽으로 수가 적기 때문에 매우 귀하다. 보통 털이 붙어 있는 상태로 판매된다.

하이드 Hide
성우나 말과 같이 25파운드(약 11kg) 이상 되는 커다란 가죽. 이보다 작은 가죽은 스킨이라고 한다.

헤드
통가죽의 목에서 머리에 이르는 가죽으로, 보통 잘 안 쓴다.

호스 Horse
말가죽. 소가죽과 비교해 두께나 강도는 떨어지지만 유연성이 뛰어나기 때문에 가죽 웨어로 많이 가공된다. 유통량도 소가죽에 비하면 적다.

혼합(복합) 무두질
타닌과 크롬을 모두 이용하는 무두질로 두 가공법의 장점이 살아 있다. 콤비네이션 무두질이라고도 한다.

홈 피할
홈 모양으로 가죽을 피할하는 것으로 깎아낸 곳을 접거나 할 때 사용하는 방법.

휘감기
실로 꿰매지 않고 가죽 레이스로 잇는 방법. 싱글 스티치, 더블 스티치 등 방법이 다양하며, 장식 효과도 기대할 수 있다.

처음 시작하는 가죽공예

1판 1쇄 인쇄 | 2011년 8월 22일
1판 5쇄 발행 | 2017년 4월 13일

지은이 | 스튜디오 택 크리에이티브
감수자 | 김재혁(탄조공방)
옮긴이 | 김남미
펴낸이 | 신병휴
펴낸곳 | 에듀멘토르

편집디자인 | 설탕소녀
마케팅 | 이운섭 나길훈
경원지원 | 박은정

내용문의 | edumentorbooks@naver.com

등록 | 2011년 3월 16일 제2009-16호
주소 | 서울시 마포구 양화로11길 46, R110호
전화 | 02-711-0911   **팩스** | 02-711-0920

ISBN | 978-89-94127-53-8 13630

*책값은 뒤표지에 있습니다.
*잘못된 책은 구입한 서점에서 바꿔드립니다.
*이 책에 실린 모든 내용, 디자인, 이미지, 편집 구성의 저작권은
에듀멘토르 출판사와 저자에게 있습니다.